Official **MENSA**®
Puzzle Book

MENSA®
ABSOLUTELY
NASTy SUDOKU

LEVEL
#4

FRANK LONGO

Sterling Publishing Co., Inc.
New York

2   4   6   8   10   9   7   5   3

Published by Sterling Publishing Co., Inc.
387 Park Avenue South, New York, NY 10016
© 2007 by Sterling Publishing Co., Inc.
Distributed in Canada by Sterling Publishing
c/o Canadian Manda Group, 165 Dufferin Street
Toronto, Ontario, Canada M6K 3H6
Distributed in the United Kingdom by GMC Distribution Services
Castle Place, 166 High Street, Lewes, East Sussex, England BN7 1XU
Distributed in Australia by Capricorn Link (Australia) Pty. Ltd.
P.O. Box 704, Windsor, NSW 2756, Australia

Printed in China
All rights reserved

Sterling ISBN-13: 978-1-4027-4399-3
ISBN-10: 1-4027-4399-8

For information about custom editions, special sales, premium and
corporate purchases, please contact Sterling Special Sales
Department at 800-805-5489 or specialsales@sterlingpub.com.

CONTENTS

INTRODUCTION

When you hear the term "X-wing," do you think of a Starfighter ship from *Star Wars*? Is a "jellyfish" only something to be avoided at the beach? Is a "Gordonian rectangle" less familiar to you than Pascal's triangle? If so, you probably haven't delved into the world of extreme sudoku, where these are some of the advanced solving techniques that are needed to get to the solution.

If you've never solved a sudoku puzzle before, here's how it works:

> **Fill in the boxes so that the nine rows, the nine columns, and the nine 3×3 sections all contain every digit from 1 to 9.**

Below is a sample puzzle on the left, and its solution on the right.

		2	6	4				8
3				7		4		
							5	
5	1		4			3		
		7				4		
		9		1			7	2
	7							
	9		7					4
2				3	6	1		

9	5	2	6	4	3	7	1	8
3	8	1	2	5	7	9	4	6
7	6	4	1	8	9	2	5	3
5	1	6	4	7	2	3	8	9
8	2	7	3	9	5	4	6	1
4	3	9	8	6	1	5	7	2
6	7	3	9	1	4	8	2	5
1	9	5	7	2	8	6	3	4
2	4	8	5	3	6	1	9	7

If you are actually studying the two grids above because this is your first time trying sudoku, slowly close the cover of this book and back away without making any sudden movements. This is not a book for beginners. If you're just starting out, read *Mensa Guide to Solving Sudoku* by Peter Gordon and me. But if you're a seasoned pro and aren't intimidated by swordfish, XY-wings, XYZ-wings, alternating digits, finned X-wings, Gordonian polygons, turbot fish, and other scary-sounding techniques, then your search for a book that will truly challenge you has finally ended.

I have found that the vast majority of sudoku puzzles that are labeled "hard," "expert," "challenger," and the like, in newspapers, magazines, and books, are not really all that difficult. And in a surprising number of cases, they are downright easy. They usually require only intermediate solving techniques. Some of them might

5

require a combination of these techniques, but they are intermediate techniques nonetheless. In the *Mensa Absolutely Nasty Sudoku* books, you will find puzzles truly worthy of the label "hard."

The puzzles increase in difficulty throughout the four books in the series. In Level #1, only basic and intermediate techniques are required, but they are not beginner puzzles. In Level #2 and Level #3, more advanced techniques are added to the mix, and by Level #4 you can expect not only the most advanced techniques, but puzzles that require multiple advanced techniques in each puzzle.

Despite the difficulty of these puzzles, none of them require flat-out guessing to complete. All of the above-mentioned advanced techniques are simply methods that will logically get you to the next step in the solving process, whether you give them a fancy name or not. So if you're new to solving *really* hard sudoku puzzles, be patient, be willing to stretch your mind to see connections you wouldn't have thought to look for before, and be confident in knowing that there will always be something you can find that will get you to the next step. (That is, assuming you haven't made any errors!)

And just think, after you finish *this* series, you'll be able to impress those around you by tossing off any newspaper or magazine "super challenger" puzzle at lightning speed!

—Frank Longo

1

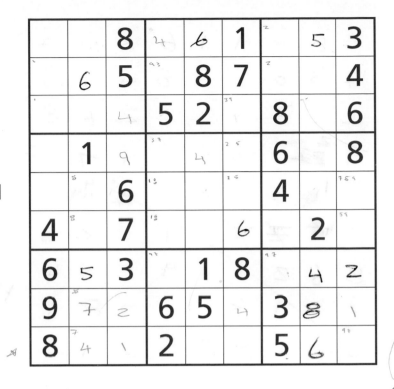

2

3

2	8	4	9	1	6	3	5	7
7	3	6	2	5	8	4	1	9
1	9	5	7	3	4	2	6	8
9	2	8	6	4	3	1	7	5
5	4	3	8	2	7	9	4	6
6	4	7	5	9	1	8	2	3
8	6	2	1	7	9	5	3	4
4	5	9	3	6	2	7	8	1
3	7	1	4	8	5	6	9	2

4

4	1	7	9	6	5	3	2	8
8	6	5	2	7	3	1	4	9
3	9	2	8	4	1	6	7	5
2	7	8	3	1	6	9	5	4
6	5	4	7	2	9	8	1	3
1	3	9	4	5	8	7	6	2
9	4	6	5	8	7	2	3	1
7	2	3	1	9	4	5	8	6
5	8	1	6	3	2	4	9	7

5

56 37	4	57 63	8	9	72	23 7	23 7	1
9	8	73	36 2	67 2	1	5	~~4~~	23 7
37	2	1	34	5	47	8	9	6
63	7	62 38	94 62	1	94 28	43	32	5
4	5	62 8	7	62 8	3	9	1	82
1	9	23 8	54 2	28	54 28	47 32	6	73 82
2	1	4	59	3	57 9	6	8	97
57	6	9	1	82 7	82 7	37 2	53 72	4
8	3 3	5 7	29	4	6	1	57 2	99 2

6

		6		2			1	
		7			9	8		
	2	8				9	4	
			6		1			
8								3
			4		5			
	6	5				7	9	
		1	2			6		
	9			5		1		

7	6	5	2	3	1	9	4	8
4	3	1	8	5	9	2	6	7
2	8	9	4	7	6	5	1	3
5	1	2	3	6	8	7	9	4
6	7	4	5	9	2	8	3	1
3	9	8	7	1	4	1	2	5
9	5	6	1	4	7	3	8	2
8	4	3	9	2	5	6	7	1
1	2	7	6	8	3	4	5	9

		3		6		2		8
		7	1	3		4	9	6
	6				2	3	5	
						7		
	3	8	2		6	1	4	
		4						
	7	6	4				3	
	1		6		3	8		
3		9		5		6		

8				3	5		2	9
4	9			2				
			4			8		
					6			2
	4	1				3	5	
2			3					
		3			4			
				5			9	1
5	8		7	6				3

1	4	6	5		7	8		
		9	6	3		7	4	1
		3	4	1				
			8			9	1	
6	1		3				7	8
		8	7		1			
			1	7	4	6		
	2	1		6	5	4		7
	6		2	8	3	1		5

1 1

6							5	
7					1		3	4
	3					2		7
5			7		4	9		
				8				
	4		5		6			8
9		1					4	
4	5		3					2
	2							6

1 2

		7	1		3	6	9	
							4	3
	3					7		
		5	2					4
	2	9	8		7	3	1	
3					5	2		
		2					7	
8	1							
	4	6	5		2	1		

1 3

4		8	1	3		6	5	
5		6	7	4		3		
3	1			6			4	
9					4	5		3
	4	3				7	2	
		5	3					4
7	5	9	4	2			3	
	3	4			7			5
	6	1			3	4	7	

1 4

			6	1		3		
	9		5		2			4
3						1	9	
	8	6						
2			7		3			8
						4	5	
	7	4						1
1			4		5		3	
		8		7	1			

Puzzle 1/5

	9		6	8		5	2	
2			4	3				7
	7					4		
			5	6				
5			9		3			6
				1	4			
		1					8	
7				9	8			1
	8	9		4	5		7	

Puzzle 1/6

	2			1			9	4
	5				2	3		
			4			7		
		5			8			3
8				6				5
7			5			1		
		8			6			
		3	7				2	
2	1			4			3	

Puzzle 1/7:

7								6
				3			5	
	1		4		2	9		
			7		5			2
2		3	1		9	5		4
5			3		6			
		1	6		3		8	
	7			9				
6								3

Puzzle 1/8:

5	1				2			
		4	1					
		2	9			4	5	
4					9	3		
6								8
		8	7					2
	5	7			8	6		
					3	1		
			5				8	3

Puzzle 19

			8		9			5
	5			3			8	
	6		1			3		9
1	3							
		9	2		8	7		
							4	1
5		6			1		3	
	8			9			2	
3			6		4			

Puzzle 20

8					3			4
				5			2	
	7		4			1		5
	5			2	4	6		8
7		6	8	3			5	
5		8			1		4	
	9			4				
1			3					2

Puzzle 2-1:

	3		6	1		2		
		8				7	4	
	7							3
3					1			
			3		6			
			8					2
2							7	
	8	3				4		
		9		7	4		5	

Puzzle 2-2:

7	2			1	4	9		
					2			
		9						7
9	4			8			5	
5		7		6		1		4
	1			3			7	9
4					6			
			5					
		5	3	9			2	6

						1	7	
	9		6	8				2
	2		1					6
		6		5				9
			4		1			
3				6		7		
5					8		3	
2				9	7		6	
	4	9						

			6					
	3	1		7		4		
5						7	3	2
				3	9		1	6
		9	5		6	2		
8	6		7	1				
1	5	4						7
		7		6		1	8	
				7				

		4		1				
	2	6			9	4	3	
					7			2
	9				6		5	3
2	5		9				6	
1			8					
	4	5	6			1	2	
				4		6		

1			4				2	
				9				6
6	4				8	5		
	9							2
5	3		9		2		8	4
4							3	
		6	1				5	7
2				3				
	1				4			3

		9						5
			9			7	1	
5			7		3			
	2				8			3
9		5	4		2	1		6
3			6				2	
			2		1			4
	1	8			9			
2						9		

	9			8				
6		7				9		8
4			9		5		7	
	8		1	4		5		
				6				
		6		7	3		9	
	1		4		7			6
3		9				4		1
				3			5	

29

				9	4			
				7		5	8	
		3						7
		2	9	5		1		4
	6	9				8	2	
4		8		2	3	9		
7						2		
	2	5		6				
			8	1				

30

7		1						
	3				8			
		6		1		2	5	3
					2		8	
3		8	4	9	7	1		2
	2		5					
2	8	5		7		9		
			8				7	
						8		4

Puzzle 3/1:

					5	6		
		5						1
	7						5	3
		7	2		8		4	9
		2	3		7	5		
4	5		6		9	2		
8	2						7	
7						3		
		4	8					

Puzzle 3/2:

						4	9	
5			1			3	7	
				7		6	1	
6			7		2			
		7	5		8	9		
			4		9			6
9	4			2				
3	8				1			4
	1	6						

			6			5		1
								2
	5			2		6	7	
8					2	3		
	7		4		9		1	
		1	3					8
	9	5		7			4	
6								
1		7			4			

9				2				
	5				7		2	
	7		8		4	1		
3		5	2					1
	1						5	
4					5	6		8
		3	4		2		7	
	4		9				8	
				5				9

Puzzle 3/5

	5		7	9				
	2							
9	3			6		1		
7	1					5		9
	8	9	1		4	7	6	
3		5					2	1
		8		3			9	6
							1	
				8	1		5	

Puzzle 3/6

7	3			6				
	6				8		7	3
			1	7		2	4	
	2		3		1			
			5		4		9	
	5	7		3	2			
8	9		7				1	
				1			2	7

24

3/7

	8						1	5
5			1			8		6
			4	8				
	7		2					
	5	3		7		1	2	
					5		6	
			4	9				
4		1			3			9
8	3						7	

3/8

	5	4				1		
	8		1					
	1	2	4	3	6			
	3			5	1	8		
8								7
		1	2	4			3	
			8	6	9	7	5	
					2		8	
		8				3	9	

Puzzle 39:

	5					7		
			2	7	6	8		
		3	1					
		5			4		9	
9								3
	4		7			1		
					7	2		
		7	5	6	3			
		8					7	

Puzzle 40:

5			8				1	
6	4		7				2	
		2				3		
				8	1	2		
			3		6			
		8	5	4				
		4				9		
	6				8		7	4
	8				7			5

Puzzle 4/1

				3				
			1	2		9	6	3
		7	6			8		
8		9			5			
3		5				2		8
			3			1		5
		8			3	7		
9	5	3		7	2			
				1				

Puzzle 4/2

	5						9	
1	9		6			4	7	8
				8			5	6
			1		3			5
				6				
7			8		5			
6	7			9				
5	3	8			6		4	7
	2						8	

Puzzle 4 / 3

		4	2					3
	5		6				1	8
	6					2	4	
			4		8	3	7	
				5				
	9	5	1		6			
	4	7					9	
9	3				5		8	
5				4		7		

Puzzle 4 / 4

6	9	4				1		
		8	9				6	4
	1			8				3
4					6			
			3		9			
			2					7
2				9			7	
1	3				2	8		
		9				3	5	2

Puzzle 4/5:

					7	2		
5	3		8					6
7		9		2			5	
	4		3					5
				5				
9					1		4	
	9			1		8		4
4					2		1	9
		6	4					

Puzzle 4/6:

8		1	4		2		6	
		6						3
	5		7		6			
	3	9			8			
2								6
			3			8	9	
			1		4		2	
6						4		
	9		2		5	6		7

Puzzle 47

5		3	4	1				
		4			8		2	
2	1				5			
	5		1	4		3		
		2		7	6		1	
			9				6	7
	9		8			4		
			3	1	2			9

Puzzle 48

	9		2					6
4						5		
1					8			
8	6			1	2			
	2	4		7		9	3	
			5	3			8	2
			7					8
		1						3
6					3		9	

					3			1
			2		5			9
7	8					3		
5	6			1		4	8	
	4	9		8			3	5
		7					5	4
6			1		7			
8			6					

			7	5	2			
6								
5	2		4			8		
		3				9	4	
	7						6	
	8	6				1		
		2			6		7	5
								1
			5	2	8			

Puzzle 5/1

		8	5			6	3	
7	2	6			4			
			2					
8		7					2	
	9			2			8	
	5					7		1
					9			
			3			1	4	8
	1	4			5	2		

Puzzle 5/2

	3	8		5				
4	9			1			8	
		1						
	8			9	1			7
7								6
9			7	2			3	
						2		
	5			8			7	1
				7		4	6	

			4			6		
				2	1	4		
7			3			5		2
					8	3	2	
9								5
	8	6	7					
5		2			7			9
		3	9	1				
		4			5			

5	3		9				4	6
9		2		4				
	7			2	1			
			7					
	9	6				8	7	
					9			
			3	1			6	
				9		3		7
3	5				6		2	1

Puzzle 5/5

2		4	7	9				1
	6	7		3				
		8			5			7
	2							3
		9				7		
6							2	
8			3			1		
				6		9	7	
9				8	2	3		4

Puzzle 5/6

	5						7	
		7		2	3			5
1					4			
						6		9
	4		1		7		5	
6		8						
			2					6
3			8	1		5		
	9						2	

5/7

					5			7
			8		4	2		
4	6							
6		2				7		5
				1				
8		7				4		6
							3	2
		9	3		8			
7			9					

5/8

			9			2		
8		9	4			5		
	2		1		8			9
							5	8
5		4				6		7
6	9							
2			8		4		3	
		3			2	7		6
		5			3			

6				2		1		
			3		8			6
	5	8		6				
			7				9	2
5	8						6	1
7	9				6			
				4		2	3	
3			1		2			
		6		9				4

					7	9	6	
	9		3		1			
		7						5
9		1		2		5		
	3		5		6		9	
		5		7		2		3
1						4		
			7		5		3	
	6	8	9					

	5	9	4					
	7						9	2
	8			3				
8			6	1		5		
			3		5			
		5		4	2			6
				8			2	
2	6						1	
					1	3	4	

	1			5			2	
6		7					9	
					4			7
	8			4	2			1
	2						8	
3			5	6			4	
4			3					
	6					8		9
	5			1			7	

2	4					6		
8	3		4			2		
		7					8	
			5		7	3		
7				9				6
		3	6		2			
	1					4		
		6			3		1	2
		4					5	9

3	4				7	8		
	5				9			
		2						4
			3	5				6
	6	4				3	5	
1				7	8			
5						6		
			7				8	
		7	9				1	2

4		3		7				
	5							2
				3		4		8
			8		4	5		1
	8						3	
1		9	6		3			
9		6		2				
3							5	
				4		1		6

	8	7						
	3	9			5			1
			6			3	4	
				3		4		
			4		8			
		6		1				
	2	5			6			
3			7			5	6	
						8	7	

	4	6				3		
	1				6			
					5		7	8
	5		4				8	
		7		9		4		
	8				7		6	
4	2		8					
			3				2	
		9				5	4	

2								
	7					5	8	
			8	5	2	3		
					5	7		4
	4		1		3		9	
5		2	7					
		8	6	1	4			
	3	4					7	
								1

		3			4	6		9
		7					4	
4				6	3		7	8
	8			9				
			5		7			
				1			6	
3	7		4	2				6
	9					3		
6		2	8			4		

	7		2		6	1		
			3				8	
		6		1				3
		2			8			4
	6			4			7	
8			1			9		
6				9		8		
	5					1		
		3	8		2		5	

Puzzle 7 / 1:

2				5				
			3	2	7			
3		4	6			5		
9				6			4	
	3		4		2		9	
	2			1				7
		8			9	7		3
			8	7	6			
				3				4

Puzzle 7 / 2:

4					5	3		9
	8		2	7				
					7	6		1
	1		9	4	6		8	
3		6	1					
			2	9		5		
7		1	4					8

4		1	8					
		7	1			9	4	3
					7			
	2					5		9
3								6
9		4					2	
			3					
1	9	2			6	8		
					9	2		5

	6			7				2
2					5	7	9	
			2			4	6	
	7		3			8		
			5		2			
		5			1		4	
	5	7			8			
	2	3	1					7
9				2			3	

7/5

		3			4	6		9
		7					4	
4				6	3		7	8
	8			9				
			5		7			
				1			6	
3	7		4	2				6
	9					3		
6		2	8			4		

7/6

	8					2		
			6					
9		3		4	2			6
3		9				6		
	2	5		7		3	4	
		8				7		1
6			2	5		9		8
				3				
		4					2	

		9			2		6	
							7	9
	4		7		8			
		2		4			8	
		5	2		1	9		
	6			8		2		
			3		4		5	
1	2							
	8		6			3		

5	2			9	6			4
	8	4					9	
1								
		6		2	1			9
		1		5		7		
8			4	6		1		
								8
	1					9	2	
2			8	7			1	6

79

9	4		2	6				
	7				5			2
	6			4				5
6		8				7	9	
	5	9				4		8
5				9			6	
4			5				1	
				8	6		7	4

80

7				4			3	
		5	2			7		
		4					6	5
				7		6		2
				5				
3		8		1				
6	4					9		
		2			1	8		
	8			2				4

8
1

	4	7					2	
				3	9			
1			6				3	
7		1					8	5
				7				
9	8					2		3
	2				1			8
			5	8				
	1					4	6	

8
2

		3			4	6		9
		7					4	
4				6	3		7	8
	8			9				
			5		7			
				1			6	
3	7		4	2				6
	9					3		
6		2	8			4		

Puzzle 8/3

				7		6		4
							2	3
5		2	4				9	
	5	3	2	8		4		
				3				
		1		4	5	3	6	
	9				4	5		7
8	2							
3		5		6				

Puzzle 8/4

			6	1		8		
1	6		8		4	2		7
							1	6
2			9				3	
				5				
	7				3			9
6	8							
9		7	5		2		6	4
		1		4	6			

8					4	7		
				2				9
				9	8			
	5				7		1	6
	3						5	
2	4		9				7	
		1	4					
3				9				
		2	3					1

	8				7		6	
		5		4				
3					8		4	1
		2	1		5	7		
				2				
		1	4		6	9		
4	6		2					9
				3		6		
	5		7				8	

8/7

8/8

			6					9
9	4				3		8	2
			2			7	5	
				8			3	
		9		2		5		
	2		5					
	8	1			2			
2	6		8				9	1
7					5			

8				7		4	1	
					8			6
4	9	2						7
	1				4		9	
2				5				8
	4		1				5	
6						3	8	1
7			4					
	3	1		2				4

Puzzle 9-1

					4		7	
3			9					
	8	9		7	5			
	3			8				7
4		8	6		7	1		3
1				4			8	
			4	1		2	6	
					2			9
	4		7					

Puzzle 9-2

3	9		2					
	8	1	9				7	2
		2				4		
				9		3		1
			5		1			
4		6		7				
		8				1		
1	4				8	7	9	
					9		8	4

6			3			8		
2				1			6	
	9		6			7		
				6	9			4
		5				1		
8			4	5				
		6			3		7	
	5			2				8
		4			6			1

			6		2			
	6			4		1		
	3	4					2	
8	5			6		4		
3			2		1			8
		6		7			5	3
	1					6	3	
		5		3			7	
			9		6			

95

		3			4	6		9
		7					4	
4				6	3		7	8
	8			9				
			5		7			
				1			6	
3	7		4	2				6
	9					3		
6		2	8			4		

96

7		3		2			4	5
6		5	9					
	2				7			
3			2					
	1	8				5	7	
					1			8
			6				8	
					9	2		4
4	3			1		9		6

Puzzle 97:

6	2			3				
		5	7			4		
	3				9	5	2	
			4	3				7
7								4
2			6	1				
	1	2	3				4	
		8			4	3		
				7			9	2

Puzzle 98:

	1			8	6			5
	7		3				6	
		6						
	6				8	3		9
4								8
2		3	9				7	
						4		
	4				5		9	
5			7	6			2	

		3			4	6		9
		7					4	
4				6	3		7	8
	8			9				
			5		7			
				1			6	
3	7		4	2				6
	9					3		
6		2	8			4		

6					5			
8					1		6	
			7			3		9
	8						4	2
		5		3		9		
9	6						7	
7		8		9				
	2		6					8
			8					4

7	5		1		3			
6				9				5
2			5				8	
	6	7						
	4						6	
						1	9	
	1				9			3
4				2				6
			6		4		1	9

				4				
3			6					5
4	7				2			1
	3	2				8		
			2		7			
		6				4	2	
6			5				8	2
5					9			7
				7				

103

		2	1					9
				5	7			
						6	3	
3		5		7		4	1	
			9		8			
	6	4		3		2		7
	5	3						
			7	9				
1					2	9		

104

	1		4					2
	8			6			7	
						6		1
	3			7		2		
			5		4			
		4		2			1	
9		7						
	2			5			6	
5					3		8	

			9		6			
			1				5	6
	2			3		7		
6			4				8	7
1								3
7	9				5			1
		9		1			4	
3	8				9			
			7		3			

1				7				
8					2	6	9	
5			6			3		
					8			3
	8	9				1	2	
2			7					
		2			6			9
	1	8	3					4
			5					1

107

		7			5		6	3
3					8		2	
	8							4
4	7			2				
2				9				7
				7			5	2
9							4	
	5		3					8
6	3		4			2		

108

	1			2				
						1	9	
		2		6		8		5
					1		6	3
		1		7		5		
5	2		9					
1		5		3		9		
	3	8						
				9			4	

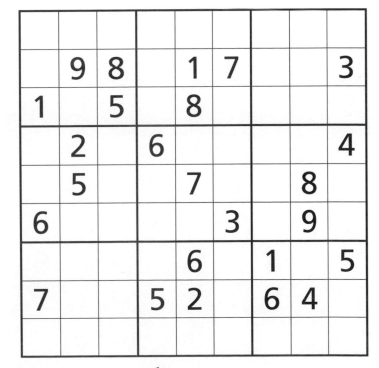

111

112

113

9	3						7	6
		6						
		5	7		2			
			5		7	1		9
2			4		8			5
1		3	6		9			
			9		6	4		
						6		
8	6						5	3

114

			4		1	9		
				5	2		8	
	2			3		6	5	
		5	3					8
	9						4	
2					6	3		
	7	8		6			9	
	4		1	9				
		3	8		5			

115

5	7					1	6	
1				7		5		3
				4				
				9	8			
	9		3				1	
		7	1					
			2					
2		8	4					9
	3	6					7	2

116

		5				9		8
				8		3		4
		8	9				1	2
9				2				
			1		6			
				4				7
1	9				3	8		
5		4		1				
6		7				5		

117

	5	2						6
8		1			2			
4			5		9		8	
	9			1				
1	2						9	5
				4			1	
	3		4		6			1
			3			5		9
2						6	3	

118

5			9	8			6	
				2		9	5	
		4			7			
8		1						6
		6				3		
7						5		1
			6			7		
	9	8		5				
	7			4	3			9

		3			4	6		9
		7					4	
4				6	3		7	8
	8			9				
			5		7			
				1			6	
3	7		4	2				6
	9					3		
6		2	8			4		

7				2				8
			9		6	2		
2			3			9		5
	3			6	8			
	7						3	
			5	4			8	
6		3			5			2
		4	6		1			
9				3				6

	5		9	8		4		6
						2		
				3	2		5	
6		5				8	4	
7								2
	8	4				5		9
	2		3	6				
		6						
4		1		2	5		6	

7				3		5		
		8		9			3	
		5	4					
6		4					9	
	8		5	4	9		6	
	3					7		8
					8	9		
	5			1		3		
		1		7				4

Puzzle 1:

		7	1				2	
	4	9	7					
2				4	3		8	
	1	3						
	6	8		3		7	4	
						6	3	
	9		4	2				8
					5	2	7	
	2				7	4		

1
2
3

Puzzle 2:

		2	6		9			
9				7				
	7	5	3					4
						8		9
	1			8			2	
3		7						
4					5	9	7	
				1				6
			2		4	3		

1
2
4

1
2
5

9				2	3	5		
5	8	4	1					
3							4	
			9	8	1	3		
		8	5	6	2			
	1							4
					7	1	5	6
		6	8	1				7

1
2
6

7			4					9
	1		5			4	3	
			1					8
					7	9		4
		7				3		
5		3	6					
1					2			
	2	8			5		6	
3					6			1

Puzzle 127:

		3			4	6		9
		7					4	
4				6	3		7	8
	8			9				
			5		7			
				1			6	
3	7		4	2				6
	9					3		
6		2	8			4		

Puzzle 128:

	5		8		6			
		6			1	7		5
		4		3				6
1		5						
	4						7	
						3		9
5				6		2		
7		1	2			9		
			7		8		3	

129

5	2				4			
1		3		8		6		
6		8					1	5
					6			4
8				3				6
7			4					
4	8					5		2
		6		4		7		8
			6				4	9

130

1		7	8	9		6		
					6	7		
	6	3						2
	8			5			9	
3								4
	5			4			7	
7						1	6	
		9	3					
		5		7	8	2		9

131

				8			7	1
3			2		5			
						4		
	5	4	8		6	3		
	8			5			6	
		3	4		7	8	5	
		6						
			1		8			2
2	7			6				

132

							7	
	5				9		3	
		7	5	3				8
		5		4			9	
		4	3		2	5		
	2			7		6		
2				5	3	4		
	8		1				5	
	1							

5				2			1	
				8		2	7	
	7	3			4	8		
	2							6
		4				1		
6							4	
		6	8			3	2	
	9	2		7				
	5			6				7

	4		6	8			2	
8								
6		2			1			7
2		6		3			1	
4				5				6
	1			6		9		2
7			3			5		8
								9
	9			7	6		4	

Puzzle 1 3 5

		9		2	1		7	5
2								6
	5					9	1	
			3					
	6	2		8		7	9	
					9			
	9	5					6	
3								7
8	7		5	6		3		

Puzzle 1 3 6

						7		
4		7			1		5	6
		6		2				
6					2			4
1	5		4		3		7	8
7			1					2
				6		8		
2	6		8			4		7
		4						

1 3 7

3			5			4	7	
			3	9	7			
	6	2				9		
2			6		5	1		
				8				
		6	4		1			3
		3				5	9	
			1	5	6			
	5	4			3			1

1 3 8

								6
	5		8			9		
7	3			9				4
6			5		9	2		
8				6				9
		3	4		2			5
4				2			8	3
		2			5		1	
5								

139

6						3		4
		3		1		5		
	7				9			
			1				7	3
		7		5		6		
1	3				2			
			4				2	
		8		3		9		
7		6						8

140

						8		
	4		5	2			6	
2			6		1		3	
3	7	8						4
4						9	8	3
	3		2		4			5
	1			5	6		2	
		4						

	5	1				7		
7					2	6		
6	3			1				
1			9					
9			3	2	6			1
				8				4
				9			2	5
		3	2					9
		4				1	8	

	6	5			7			
		1	9					
		9	3	5				8
9		8					5	
6				3				9
	2					1		7
1				9	6	2		
					3	4		
			7			5	9	

Puzzle 143

		4				5		
	7		2			3	6	
8					1			
6	2	9					3	
				6				
	4					6	1	8
			7					6
	1	3			4		2	
		2				4		

Puzzle 144

	8		5			3		
			1	3		4		
9							6	
	3	2		1				
8	6						1	2
				5		6	7	
	7							4
		1		2	7			
		6			1		3	

145

	4				2	6		
		6	8	3			2	
		7			6		4	8
4							7	
		3				8		
	2							9
7	8		2			4		
	9			8	3	1		
		4	1				8	

146

				8				3
			2			9	1	6
			4			5		
					6	2	7	
		9				6		
	8	6	1					
		2			4			
3	9	5			2			
8				7				

Puzzle 147

		1			3		9	
					4	7	6	
			6				3	
		9		6		1		2
3		5		1		4		
	5				6			
	1	6	2					
	7		9			5		

Puzzle 148

	4							3
			6				1	7
		3	5			6	9	
	7		1		6	2		
		5				1		
		1	8		5		6	
	5	7			1	9		
6	2				4			
3							5	

			1	6	8	5		
			1	6	8	5		
	2	8	5			3	6	
3			9	5			1	
		5				4		
	4			7	2			9
	3	6			5	1	2	
		2	6	8	1			

Grid 149:

			1	6	8	5		
			1	6	8	5		
	2	8	5			3	6	
3			9	5			1	
		5				4		
	4			7	2			9
	3	6			5	1	2	
		2	6	8	1			

Grid 150:

	4			6		3		
	3	7	2		4		6	
		2						
3			1				8	
7	1		6		2		5	4
	9				5			6
						8		
	6		4		3	7	9	
		3		9			4	

4		8			7	9		5
					9			
9			8		2			7
2	5		7				4	
	9				5		1	8
8			2		3			1
			4					
3		7	5			6		4

		3			9		2	
	5					9		
6		9		1	8			
		1					4	2
		5				7		
3	4					8		
			3	7		1		6
		7					5	
	1		9			4		

8			3				2	5
1			4					
	9				8			7
			7	2		3		
7	6						9	2
		3		9	6			
4			2				5	
					7			4
5	1				4			6

	8			1	5	7		
		7	3				1	
		3						9
3		8				6		
9			5		7			3
		5				4		8
8						3		
	5				6	8		
		2	8	4			5	

155

	3		9	7		4		
5							1	
		7	8					6
	5							1
		1	3	2	5	8		
6							9	
1					7	3		
	6							4
		3		4	9		5	

156

	5	1		6				8
				7		2		5
			5					
9				5	6		1	
			7		2			
	8		3	1				6
					5			
8		6		3				
7				2		9	4	

			7		3			
	8	4			1		6	
		5		4		2		
2		7						4
			4		9			
5						7		8
		8		3		6		
	6		9			8	7	
			6		7			

					4		2	
9	7	4				5		6
		3						7
		2	7	5				
	5			6			7	
				8	1	2		
8						3		
3		5				9	8	1
	4		8					

		2	5					8
	1				6	2	5	
		5						3
				4		5		7
	6						3	
2		4		9				
8						1		
	9	6	8				4	
1					4	8		

2					9		6	
6			5	7			2	
		9	6			5		
	2		9					
	3	8				4	9	
					5		7	
		7			2	3		
	6			4	3			7
	1		7					4

3			4	5				
	6	2				4		
		1		2	7			
6						9	2	
	5	4				3	8	
	2	3						5
			1	7		2		
		9				5	1	
				4	8			3

			5					
	9	5		3				
	7			4	2			1
		2			1			3
	3		9		6		7	
8			3			6		
4			2	5			3	
				6		2	8	
				4				

	4							3
2			8		4			1
		5		3		9		
	8		4	6				
	2						6	
				2	3		9	
		6		5		1		
1			6		9			2
4							3	

7	5					6		2
					4		7	3
2				1				
	9				5	7		
			3	8	1			
		2	4				5	
				4				8
1	3		9					
8		6					9	7

4	6							3
		5	8		3			
				1	6		5	
	3		2	9				6
		1				3		
6				4	8		1	
	7		5	8				
			6			9	8	
9							6	4

		9		4	1			
8	4			7				1
1					3			
	8						3	5
		4	2		9	8		
9	5						4	
			3					9
6				1			8	2
			5	9		1		

			5		8		4	
		5		9	4	7		
								5
4	1			7			2	
2								1
	3			4			6	7
1								
		4	7	5		2		
	6		2		3			

						2		4
	3		6		4	5		
		9			2			
1		2				7	9	
8				6				3
	9	4				6		2
			1			4		
		5	7		8		3	
6		3						

	9	4		3		5		
	8				9			
2			7		6			
						3		2
			3	4	7			
6		9						
			1		5			8
			9				2	
		5		2		4	9	

6					4		1	
		4	5	7		3		
						2	7	
7	8		4					
					8		9	1
	6	5						
		3		5	1	4		
	9		6					5

5		4	3	2				
	1							
7		2	9		1			
	3	7	8			9		4
		5				6		
4		6			3	7	8	
			2		7	3		9
							7	
				5	9	8		2

2								
					1	2	6	
			5			4	9	8
	3		8	4				1
	2			6			5	
1				9	5		8	
7	6	3			8			
	8	9	7					
								7

		1		8				
4	8						6	
	6	2	5					3
		4			5	2		
			6		7			
		8	9			6		
9					4	8	2	
	1						7	4
			5			1		

	8		4					
		4		3	9	7		
3			8					
		5		8		9	4	
	1						7	
	6	9		5		2		
					8			1
		3	9	7		5		
					6		9	

	3	9	5			6		
	7			3				
8					6			9
1	2		3				9	
	8						7	
	9				8		5	4
3			9					7
				6			1	
		5			3	4	2	

8							7	
	6			8		4		
			2					5
	3	6			9		2	4
				4				
2	4		1			6	9	
3					1			
		4		7			1	
	2							9

	1			4			8	7
2						6		
8	6	7	5					
			8			1		3
		6				7		
5		2			4			
					1	8	7	6
		1						2
6	7			3			9	

9								
1		5	7	6				
			2				7	
		8			6			1
4	6						5	2
7			1			9		
	5				9			
			1	3	4			8
								9

3	2					5		
	6			4				
		5			8			2
		2		9	4		3	
8				3				4
	9		6	2		8		
6			7			3		
				1			2	
		9					8	1

	5				1	8		
2	9		6					
		6	3		5		2	
	1			7				
		2	5		9	1		
				6			4	
	6		7		2	9		
					6		3	2
		3	9				6	

	8			5				4
	9	5					7	
2				8	1		5	
	2		4				8	5
8	7				2		6	
	6		2	1				8
	5					6	1	
3				6			2	

	6	5		3	8		2	
	8						5	
7			9					
6			3	9				4
			1		4			
1				8	7			2
					3			7
	3						8	
	7		8	6		2	1	

3		7	1				5	
	9			3		4		
		5			7			
					1			3
	2		3	9	8		1	
7			4					
			2			3		
		8		6			2	
	1				4	6		9

		1		7		6		
		5	4					8
	3					5	1	
		4	9		8	2		
			2		7			
		2	3		5	4		
	1	6					9	
3					4	7		
		8		9		1		

			4				1	7
	4		7	5		3		
6					1			2
	6	7	3					4
4					7	8	6	
5			1					3
		1		4	9		7	
7	9				5			

9				1	6		8	
		7						
		5	3	9				6
				3				
	5	6					1	9
				8				
1				6	8	5		
							4	
	4			5	2			3

	1	2						
					7	3		
9	6	7	2					
6	7			4				2
8								5
5				1			8	3
					3	2	5	4
		4	5					
						7	1	

	2				5	9		6
5								1
	7			3				
					7	4		
		9	8		4	6		
		3	9					
				9			1	
4								8
8		5	6				4	

8	4		2					
6		1			9			
		9			1	5		
	8					3		
7			3		2			5
		2					7	
		5	1			6		
			5			8		3
					7		5	2

	1				9	8		
		9		4		1		
2		7		1				
9			6			3	1	
	7						4	
	6	5			1			9
				6		4		5
		3		7		6		
	5		9				7	

Puzzle 191

2	9			6			3	
	6	5						
			7					9
			1	6		2		
5		4		7		1		6
	1		2	5				
1					8			
						8	6	
	8			9			5	1

Puzzle 192

	7				1	3		
	8	4					2	
				4	8		6	
5				6	2			
6								3
			1	3				7
	6		4	9				
	4					5	9	
		1	8				3	

			5					
	2	8	6					3
		4			7	8		
2					9		1	7
	7		2		1		8	
1	8		7					6
		2	9			5		
4					2	7	9	
					6			

	8			1	3			
					5			
		5		6	8	9		4
							9	1
6	5						2	8
9	2							
8		6	1	2		4		
			8					
			7	5			8	

							8	7
				4	7			6
	1				5	4		3
				8	4			
4		8				9		2
			3	7				
2		4	9				6	
6			4	1				
9	5							

7	1				6		4	
		2					9	8
		8		7	2			
6			8		4			1
			1	6		5		
4	7					6		
	5		9				2	7

Puzzle 197

	3							5
6				5		2		
1						3	9	7
	2	3	1					
			8		5			
					4	8	7	
4	5	1						8
		7		9				2
2							4	

Puzzle 198

8							3	
	3			1		2		
	7		2					6
	8		4		2	5		
		1		6		9		
		9	1		8		7	
5					3		8	
		8		2			5	
	6							3

199

	1	3		9				
	2			1	7	9		6
					8		2	1
		7					8	3
1	3					7		
5	6		1					
3		4	8	5			1	
				3		4	9	

200

2			7	3				
	8	1		6				7
		6		5			4	
		3						2
			1		6			
7						9		
	3			2		4		
8				4		2	9	
				1	7			6

		8	4			5		
			8		3		7	
						6	2	
	2					3	1	
4		5		6		8		2
	8	3					5	
	4	1						
	3		7			8		
		6				2	9	

	4		6	8			2	
8								
6		2			1			7
2		6		3			1	
4				5				6
	1			6		9		2
7			3			5		8
								9
	9			7	6		4	

Puzzle 203

			6		8	1	3	
	8						4	
9						5		
8				2		7		
		9	3		5	2		
		6		9				3
		3						5
	9						1	
	2	4	1		3			

Puzzle 204

				2	3		4	7
2	1			8		3		
	9		4					
		1						
8			7	3	4			1
						8		
					6		5	
		6		4			7	9
7	4		3	9				

				9			5	
8	5			1		3		
	1	6						
4					7		8	
			8	6	3			
	8		5					1
						7	6	
		9		7			4	3
	4			8				

								1
			6	5		4		8
3	6		4				7	
4						2		6
	2			4			8	
5		1						3
	4				9		5	2
2		7		8	1			
6								

207

Puzzle 207:

3	1				4	5		2
							4	
4				8		1	7	
				5				6
	6		4	3	8		5	
5				1				
	5	1		2				8
	4							
8		9	6				3	1

208

Puzzle 208:

2				7		8	1	
8	4						3	
			8					2
		9		8	4			
5								6
			1	3		7		
7					8			
	8						5	1
	1	2		9				7

Puzzle 209

1					5			8
		6			8			3
	8			3		1		
		9	2			4		7
	2	7				8	3	
3		8			7	9		
		1		7			4	
9			8			3		
6			9					2

Puzzle 210

3	1							
		7	8					
8	2			5	3	9		
1			9					5
		9		8		4		
7					4			2
		5	3	7			4	9
					2	7		
							6	1

Puzzle 211

	5					1	7	
		6			4	9		
8			7			6	3	
				4				
4		2	6		3	5		1
			5					
	7	3			2			6
		4	1			8		
	6	8					2	

Puzzle 212

3		7						
		4			1			
	1	6		5			7	4
2			6			5	4	
		9				8		
	8	5			9			1
4	9			8		6	2	
			4			7		
						4		8

						3		
4		1			2	6		
			5	1				4
1	2						4	
7			4		1			5
	4						9	8
3				8	9			
		7	6			8		1
		2						

	1		3	6	7		4	2
	6	7	2		8		1	3
	2	3			1	6		7
	9				5			
				8				
			1				6	
6	3	4			9	1	2	8
7	8	1	4	2	6	3	5	9
2	5	9	8	1	3	4	7	6

			3	2			4	
		9	6			2	5	
	8			1				
	3				1			9
	1	8				7	2	
2			8				3	
				5			7	
	2	7			3	5		
	5		1		6			

		6	4					9
3				1				7
	2					1		
2			1	7				
1		3				5		4
				4	5			2
		2					5	
7				9				1
5					2	7		

		8			2		9	6
		3		7				2
			4				1	
7		1		4		6		
		2		3		9		4
	8				4			
6				9		7		
9	2		3			1		

2			7	6		4		
				3	9			
	7			2			9	1
8								9
	5	2				7	4	
7								3
5	6			4			1	
			5	7				
		7		9	8			5

1		4	6					
			1		2	4		
	8		4					7
8		5					6	
	7		2		6		5	
	6					3		2
7					1		8	
		6	8		7			
					3	2		6

9	3		2			8		
7		4	5					
1								
	2			1	4	9		
		6				1		
		9	6	8			5	
								3
					3	5		1
		1			5		2	8

8			2					
4						6		
	1	5		6		2		
2	5							
		1		9		3		
							2	9
		6		8		9	5	
		3						4
					1			7

	2						5	
			4		3			7
		7	6	2		4		3
			8				6	
4	9						7	5
	8				7			
9		8		1	4	3		
1			3		6			
	3						4	

				2		4	8	
								1
5	7	8			4			6
	6				7			8
		7	4		2	6		
2			9				7	
7			8			3	1	9
8								
	1	9		3				

4								5
2				8				
		6	3				7	
		4		7		6	8	
	3			6			2	
	6	8		3		5		
	7				2	9		
				5				4
9								6

2		8				7	6	
9					5			
					4		2	
7				8				6
	9						8	
5				3				2
	5		1					
			7					3
	2	3				4		7

8	6	4				2		
		1	6					
	9				8	5	6	
7			2		5			
4				6				8
			8		4			5
	3	2	7				5	
					6	7		
		7				6	3	2

	2	9			4		5	
5			6		2			
4			5	8				
		1			3		8	
		6				9		
	5		8			4		
				3	5			4
			4		8			2
	8		7			3	6	

		8			5		4	
4				1		7		
			9				6	
6					7		8	3
	3						1	
5	8		1					7
	1				4			
		4		7				8
	2		5			3		

	2						7	
	5	6	9	1				
					5	9		
	9			5		3		
		2	4		1	5		
		5		2			4	
		4	8					
				7	4	6	9	
	7						1	

	1				2		7	
9		3	7					
				4	1	9		
7			2				4	
6								5
	4				9			3
		1	6	2				
					8	4		9
	8		3				1	

				4		6	9	
		9			6			1
			8		7			
	1	3					8	
5				1				7
	9					1	5	
			2		8			
8			6			7		
	6	2		3				

2
3
1

	1	9		3			5	4
		6						
	5			8				2
			7			2	1	5
4	2	1			3			
9				1			8	
						6		
1	6			5		7	2	

2
3
2

Puzzle 233

		8			3	4		
2				6	7			
6	1						2	
	6		2			7		
	2						5	
		1			4		3	
	3						8	5
			3	7				2
		5	8			6		

Puzzle 234

				5		7		
3		1	4				9	8
2	7				9	3		
				2	7			
9								3
			9	1				
		3	7				1	4
1	2				4	6		9
		4		9				

Puzzle 235:

							4	
			8	7				5
9		5	6		1			
		4	7		6		1	
		3		1		4		
	5		2			4	7	
			5		2	8		1
8				6	3			
	3							

2 3 5

Puzzle 236:

		6	9					
	8		6	2		1		4
	2		7		1			
1						2		
3				7				9
		9						3
			1		4		5	
4		5		9	6		2	
					7	4		

2 3 6

2		9	5					6
		4	9	7				3
	7							5
4		8						
	5			2			3	
						4		7
1							7	
8				1	4	3		
3					2	9		8

	7		9					
				1	8	9		6
				7	2	8		
		2		7	9	3		
5								1
		4	5	3		8		
	2	6	7					
9			3	4	8			
					1		3	

8	9							
					8		1	
5		6	7	3		9		
			8				5	1
9				5				7
2	5				3			
		5		6	9	8		3
	6		4					
							7	6

			8				2	
5		6				3		
	9			5	3			4
		1			9			
4								6
			4			8		
9			5	6			4	
		3				7		9
	2				1			

Puzzle 241

	3				1	4		
	8		2			6	3	
				3		2		9
9	4						8	7
5		7		9				
	5	4			8		2	
		8	1				9	

Puzzle 242

				7		1		
					3			
	7				8		4	2
	4	3	9					
	9	5				4	7	
					5	3	8	
7	5		8				6	
			4					
		1	3					

ANSWERS

1

7	9	8	4	6	1	2	5	3
2	6	5	3	8	7	1	9	4
1	3	4	5	2	9	8	7	6
5	1	9	7	4	2	6	3	8
3	2	6	8	9	5	4	1	7
4	8	7	1	3	6	9	2	5
6	5	3	9	1	8	7	4	2
9	7	2	6	5	4	3	8	1
8	4	1	2	7	3	5	6	9

2

6	1	8	7	9	3	4	2	5
2	5	7	1	6	4	8	3	9
3	4	9	5	8	2	1	7	6
8	6	3	2	1	5	9	4	7
9	7	5	6	4	8	2	1	3
4	2	1	9	3	7	5	6	8
7	9	4	3	5	1	6	8	2
5	8	2	4	7	6	3	9	1
1	3	6	8	2	9	7	5	4

3

2	8	4	9	1	6	3	5	7
7	3	6	2	5	8	4	1	9
1	9	5	7	3	4	2	6	8
9	2	8	6	4	3	1	7	5
5	1	3	8	2	7	9	4	6
6	4	7	5	9	1	8	2	3
8	6	2	1	7	9	5	3	4
4	5	9	3	6	2	7	8	1
3	7	1	4	8	5	6	9	2

4

4	1	7	9	6	5	3	2	8
8	6	5	2	7	3	1	4	9
3	9	2	8	4	1	6	7	5
2	7	8	3	1	6	9	5	4
6	5	4	7	2	9	8	1	3
1	3	9	4	5	8	7	6	2
9	4	6	5	8	7	2	3	1
7	2	3	1	9	4	5	8	6
5	8	1	6	3	2	4	9	7

5

6	4	5	8	9	2	3	7	1
9	8	3	6	7	1	5	4	2
7	2	1	3	5	4	8	9	6
3	7	6	9	1	8	4	2	5
4	5	2	7	6	3	9	1	8
1	9	8	4	2	5	7	6	3
2	1	4	5	3	9	6	8	7
5	6	9	1	8	7	2	3	4
8	3	7	2	4	6	1	5	9

6

9	4	6	5	2	8	3	1	7
5	3	7	1	4	9	8	2	6
1	2	8	3	6	7	9	4	5
2	5	3	6	8	1	4	7	9
8	1	4	9	7	2	5	6	3
6	7	9	4	3	5	2	8	1
3	6	5	8	1	4	7	9	2
7	8	1	2	9	3	6	5	4
4	9	2	7	5	6	1	3	8

7

7	6	5	2	3	1	9	4	8
4	3	1	5	8	9	2	6	7
2	8	9	4	7	6	5	1	3
6	1	2	3	9	8	7	5	4
5	7	4	6	1	2	8	3	9
3	9	8	7	5	4	1	2	6
9	5	6	1	4	7	3	8	2
8	4	3	9	2	5	6	7	1
1	2	7	8	6	3	4	9	5

8

5	4	3	9	6	7	2	1	8
8	2	7	1	3	5	4	9	6
9	6	1	8	4	2	3	5	7
6	9	2	5	1	4	7	8	3
7	3	8	2	9	6	1	4	5
1	5	4	3	7	8	9	6	2
2	7	6	4	8	9	5	3	1
4	1	5	6	2	3	8	7	9
3	8	9	7	5	1	6	2	4

9

8	1	7	6	3	5	4	2	9
4	9	5	1	2	8	6	3	7
3	6	2	4	7	9	8	1	5
9	3	8	5	4	6	1	7	2
7	4	1	9	8	2	3	5	6
2	5	6	3	1	7	9	8	4
1	7	3	2	9	4	5	6	8
6	2	4	8	5	3	7	9	1
5	8	9	7	6	1	2	4	3

10

1	4	6	5	2	7	8	3	9
2	5	9	6	3	8	7	4	1
8	7	3	4	1	9	2	5	6
7	3	2	8	5	6	9	1	4
6	1	4	3	9	2	5	7	8
5	9	8	7	4	1	3	6	2
9	8	5	1	7	4	6	2	3
3	2	1	9	6	5	4	8	7
4	6	7	2	8	3	1	9	5

11

6	1	4	2	3	7	8	5	9
7	9	2	8	5	1	6	3	4
8	3	5	4	6	9	2	1	7
5	6	8	7	2	4	3	9	1
2	7	9	1	8	3	4	6	5
1	4	3	5	9	6	7	2	8
9	8	1	6	7	2	5	4	3
4	5	6	3	1	8	9	7	2
3	2	7	9	4	5	1	8	6

12

2	5	7	1	4	3	6	9	8
1	6	8	7	2	9	5	4	3
9	3	4	6	5	8	7	2	1
6	7	5	2	3	1	9	8	4
4	2	9	8	6	7	3	1	5
3	8	1	4	9	5	2	6	7
5	9	2	3	1	4	8	7	6
8	1	3	9	7	6	4	5	2
7	4	6	5	8	2	1	3	9

13

4	7	8	1	3	9	6	5	2
5	9	6	7	4	2	3	8	1
3	1	2	8	6	5	9	4	7
9	8	7	2	1	4	5	6	3
1	4	3	9	5	6	7	2	8
6	2	5	3	7	8	1	9	4
7	5	9	4	2	1	8	3	6
8	3	4	6	9	7	2	1	5
2	6	1	5	8	3	4	7	9

14

4	5	7	6	1	9	3	8	2
8	9	1	5	3	2	7	6	4
3	6	2	8	4	7	1	9	5
9	8	6	1	5	4	2	7	3
2	4	5	7	6	3	9	1	8
7	1	3	9	2	8	4	5	6
5	7	4	3	9	6	8	2	1
1	2	9	4	8	5	6	3	7
6	3	8	2	7	1	5	4	9

15

1	9	4	6	8	7	5	2	3
2	6	5	4	3	9	8	1	7
8	7	3	2	5	1	4	6	9
4	3	7	5	6	2	1	9	8
5	1	8	9	7	3	2	4	6
9	2	6	8	1	4	7	3	5
3	5	1	7	2	6	9	8	4
7	4	2	3	9	8	6	5	1
6	8	9	1	4	5	3	7	2

16

6	2	7	8	1	3	5	9	4
9	5	4	6	7	2	3	1	8
3	8	1	4	5	9	7	6	2
1	4	5	2	9	8	6	7	3
8	3	9	1	6	7	2	4	5
7	6	2	5	3	4	1	8	9
4	7	8	3	2	6	9	5	1
5	9	3	7	8	1	4	2	6
2	1	6	9	4	5	8	3	7

17

7	3	4	9	5	1	8	2	6
9	2	6	8	3	7	4	5	1
8	1	5	4	6	2	9	3	7
1	8	9	7	4	5	3	6	2
2	6	3	1	8	9	5	7	4
5	4	7	3	2	6	1	9	8
4	5	1	6	7	3	2	8	9
3	7	8	2	9	4	6	1	5
6	9	2	5	1	8	7	4	3

18

5	1	3	6	4	2	8	7	9
7	9	4	1	8	5	2	3	6
8	6	2	9	3	7	4	5	1
4	2	5	8	6	9	3	1	7
6	7	9	3	2	1	5	4	8
1	3	8	7	5	4	9	6	2
3	5	7	2	1	8	6	9	4
9	8	6	4	7	3	1	2	5
2	4	1	5	9	6	7	8	3

19

2	7	3	8	6	9	4	1	5
9	5	1	4	3	7	6	8	2
4	6	8	1	5	2	3	7	9
1	3	7	9	4	5	2	6	8
6	4	9	2	1	8	7	5	3
8	2	5	3	7	6	9	4	1
5	9	6	7	2	1	8	3	4
7	8	4	5	9	3	1	2	6
3	1	2	6	8	4	5	9	7

20

8	2	5	1	7	3	9	6	4
4	1	3	9	5	6	8	2	7
6	7	9	4	8	2	1	3	5
3	5	1	7	2	4	6	9	8
9	8	2	6	1	5	4	7	3
7	4	6	8	3	9	2	5	1
5	3	8	2	6	1	7	4	9
2	9	7	5	4	8	3	1	6
1	6	4	3	9	7	5	8	2

21

9	3	4	6	1	7	2	8	5
6	2	8	5	9	3	7	4	1
5	7	1	4	8	2	9	6	3
3	5	6	7	2	1	8	9	4
8	9	2	3	4	6	5	1	7
4	1	7	8	5	9	6	3	2
2	4	5	9	3	8	1	7	6
7	8	3	1	6	5	4	2	9
1	6	9	2	7	4	3	5	8

22

7	2	3	8	1	4	9	6	5
1	5	9	6	7	2	8	4	3
6	8	4	9	5	3	2	1	7
9	4	6	1	8	7	3	5	2
5	3	7	2	6	9	1	8	4
2	1	8	4	3	5	6	7	9
4	9	1	7	2	6	5	3	8
3	6	2	5	4	8	7	9	1
8	7	5	3	9	1	4	2	6

23

6	5	4	9	3	2	1	7	8
1	9	7	6	8	5	3	4	2
8	2	3	1	7	4	5	9	6
4	8	6	7	5	3	2	1	9
9	7	5	4	2	1	6	8	3
3	1	2	8	6	9	7	5	4
5	6	1	2	4	8	9	3	7
2	3	8	5	9	7	4	6	1
7	4	9	3	1	6	8	2	5

24

7	8	2	6	4	3	9	5	1
9	3	1	2	7	5	4	6	8
5	4	6	8	9	1	7	3	2
2	7	5	4	3	9	8	1	6
4	1	9	5	8	6	2	7	3
8	6	3	7	1	2	5	4	9
1	5	4	3	2	8	6	9	7
3	2	7	9	6	4	1	8	5
6	9	8	1	5	7	3	2	4

25

5	8	4	3	1	2	9	7	6
7	2	6	5	8	9	4	3	1
3	1	9	4	6	7	5	8	2
4	9	7	1	2	6	8	5	3
6	3	8	7	5	4	2	1	9
2	5	1	9	3	8	7	6	4
1	6	2	8	9	5	3	4	7
9	4	5	6	7	3	1	2	8
8	7	3	2	4	1	6	9	5

26

1	7	9	4	5	6	3	2	8
8	2	5	7	9	3	1	4	6
6	4	3	2	1	8	5	7	9
7	9	8	3	4	5	6	1	2
5	3	1	9	6	2	7	8	4
4	6	2	8	7	1	9	3	5
3	8	6	1	2	9	4	5	7
2	5	4	6	3	7	8	9	1
9	1	7	5	8	4	2	6	3

27

1	7	9	8	2	4	3	6	5
8	3	4	9	5	6	7	1	2
5	6	2	7	1	3	4	9	8
6	2	7	1	9	8	5	4	3
9	8	5	4	3	2	1	7	6
3	4	1	6	7	5	8	2	9
7	9	3	2	8	1	6	5	4
4	1	8	5	6	9	2	3	7
2	5	6	3	4	7	9	8	1

28

1	9	2	7	8	6	3	4	5
6	5	7	3	2	4	9	1	8
4	3	8	9	1	5	6	7	2
9	8	3	1	4	2	5	6	7
7	4	1	5	6	9	2	8	3
5	2	6	8	7	3	1	9	4
2	1	5	4	9	7	8	3	6
3	7	9	6	5	8	4	2	1
8	6	4	2	3	1	7	5	9

29

8	5	7	1	9	4	6	3	2
2	4	1	3	7	6	5	8	9
6	9	3	2	8	5	4	1	7
3	7	2	9	5	8	1	6	4
5	6	9	7	4	1	8	2	3
4	1	8	6	2	3	9	7	5
7	8	6	5	3	9	2	4	1
1	2	5	4	6	7	3	9	8
9	3	4	8	1	2	7	5	6

30

7	9	1	2	3	5	6	4	8
5	3	2	6	4	8	7	1	9
8	4	6	7	1	9	2	5	3
9	1	7	3	6	2	4	8	5
3	5	8	4	9	7	1	6	2
6	2	4	5	8	1	3	9	7
2	8	5	1	7	4	9	3	6
4	6	9	8	2	3	5	7	1
1	7	3	9	5	6	8	2	4

31

2	8	1	7	3	5	6	9	4
3	4	5	9	8	6	7	2	1
9	7	6	1	2	4	8	5	3
6	3	7	2	5	8	1	4	9
1	9	2	3	4	7	5	6	8
4	5	8	6	1	9	2	3	7
8	2	3	5	9	1	4	7	6
7	1	9	4	6	2	3	8	5
5	6	4	8	7	3	9	1	2

32

1	7	3	2	8	6	4	9	5
5	6	8	1	9	4	2	3	7
2	9	4	3	7	5	8	6	1
6	5	9	7	1	2	3	4	8
4	3	7	5	6	8	9	1	2
8	2	1	4	3	9	7	5	6
9	4	5	6	2	7	1	8	3
3	8	2	9	5	1	6	7	4
7	1	6	8	4	3	5	2	9

9	8	2	6	4	7	5	3	1
7	1	6	9	5	3	4	8	2
3	5	4	1	2	8	6	7	9
8	6	9	7	1	2	3	5	4
5	7	3	4	8	9	2	1	6
4	2	1	3	6	5	7	9	8
2	9	5	8	7	6	1	4	3
6	4	8	5	3	1	9	2	7
1	3	7	2	9	4	8	6	5

9	3	4	5	2	1	8	6	7
8	5	1	6	9	7	3	2	4
6	7	2	8	3	4	1	9	5
3	8	5	2	6	9	7	4	1
7	1	6	3	4	8	9	5	2
4	2	9	1	7	5	6	3	8
1	9	3	4	8	2	5	7	6
5	4	7	9	1	6	2	8	3
2	6	8	7	5	3	4	1	9

4	5	1	7	9	8	6	3	2
8	2	6	4	1	3	9	7	5
9	3	7	2	6	5	1	4	8
7	1	4	3	2	6	5	8	9
2	8	9	1	5	4	7	6	3
3	6	5	8	7	9	4	2	1
1	4	8	5	3	7	2	9	6
5	9	3	6	4	2	8	1	7
6	7	2	9	8	1	3	5	4

7	3	4	2	6	9	1	5	8
2	6	1	4	5	8	9	7	3
9	8	5	1	7	3	2	4	6
5	2	6	3	9	1	7	8	4
4	1	9	6	8	7	5	3	2
3	7	8	5	2	4	6	9	1
1	5	7	8	3	2	4	6	9
8	9	2	7	4	6	3	1	5
6	4	3	9	1	5	8	2	7

2	8	7	3	6	9	4	1	5
5	9	4	1	2	7	8	3	6
3	1	6	5	4	8	7	9	2
9	7	8	2	1	6	5	4	3
6	5	3	9	7	4	1	2	8
1	4	2	8	3	5	9	6	7
7	6	5	4	9	2	3	8	1
4	2	1	7	8	3	6	5	9
8	3	9	6	5	1	2	7	4

6	5	4	9	8	7	1	2	3
3	8	7	1	2	5	9	6	4
9	1	2	4	3	6	5	7	8
2	3	6	7	5	1	8	4	9
8	4	5	6	9	3	2	1	7
7	9	1	2	4	8	6	3	5
4	2	3	8	6	9	7	5	1
5	7	9	3	1	2	4	8	6
1	6	8	5	7	4	3	9	2

6	5	2	9	3	8	7	1	4
4	1	9	2	7	6	8	3	5
7	8	3	1	4	5	9	6	2
8	2	5	3	1	4	6	9	7
9	7	1	6	8	2	5	4	3
3	4	6	7	5	9	1	2	8
1	3	4	8	9	7	2	5	6
2	9	7	5	6	3	4	8	1
5	6	8	4	2	1	3	7	9

5	9	7	8	2	3	4	1	6
6	4	3	7	1	9	5	2	8
8	1	2	6	5	4	3	9	7
7	5	6	9	8	1	2	4	3
4	2	9	3	7	6	8	5	1
1	3	8	5	4	2	7	6	9
3	7	4	1	6	5	9	8	2
9	6	5	2	3	8	1	7	4
2	8	1	4	9	7	6	3	5

4/1

6	9	1	8	3	4	5	2	7
5	8	4	1	2	7	9	6	3
2	3	7	6	5	9	8	1	4
8	1	9	2	4	5	3	7	6
3	6	5	7	9	1	2	4	8
4	7	2	3	8	6	1	9	5
1	4	8	9	6	3	7	5	2
9	5	3	4	7	2	6	8	1
7	2	6	5	1	8	4	3	9

4/2

8	5	6	4	3	7	2	9	1
1	9	3	6	5	2	4	7	8
2	4	7	9	8	1	3	5	6
4	8	9	1	2	3	7	6	5
3	1	5	7	6	9	8	2	4
7	6	2	8	4	5	1	3	9
6	7	4	3	9	8	5	1	2
5	3	8	2	1	6	9	4	7
9	2	1	5	7	4	6	8	3

4/3

1	7	4	8	2	9	6	5	3
3	5	2	6	7	4	9	1	8
8	6	9	5	1	3	2	4	7
2	1	6	4	9	8	3	7	5
4	8	3	2	5	7	1	6	9
7	9	5	1	3	6	8	2	4
6	4	7	3	8	2	5	9	1
9	3	1	7	6	5	4	8	2
5	2	8	9	4	1	7	3	6

4/4

6	9	4	5	3	7	1	2	8
3	7	8	9	2	1	5	6	4
5	1	2	6	8	4	7	9	3
4	2	1	8	7	6	9	3	5
8	5	7	3	4	9	2	1	6
9	6	3	2	1	5	4	8	7
2	8	5	4	9	3	6	7	1
1	3	6	7	5	2	8	4	9
7	4	9	1	6	8	3	5	2

4/5

1	6	4	5	3	7	2	9	8
5	3	2	8	4	9	1	7	6
7	8	9	1	2	6	4	5	3
6	4	1	3	7	8	9	2	5
3	2	7	9	5	4	6	8	1
9	5	8	2	6	1	3	4	7
2	9	5	7	1	3	8	6	4
4	7	3	6	8	2	5	1	9
8	1	6	4	9	5	7	3	2

4/6

8	7	1	4	3	2	9	6	5
4	2	6	8	5	9	1	7	3
9	5	3	7	1	6	2	8	4
7	3	9	6	2	8	5	4	1
2	4	8	5	9	1	7	3	6
1	6	5	3	4	7	8	9	2
5	8	7	1	6	4	3	2	9
6	1	2	9	7	3	4	5	8
3	9	4	2	8	5	6	1	7

4/7

5	6	3	4	1	2	7	9	8
9	7	4	3	6	8	1	2	5
2	1	8	7	9	5	6	4	3
7	5	6	1	4	9	3	8	2
1	4	9	2	8	3	5	7	6
8	3	2	5	7	6	9	1	4
3	2	1	9	5	4	8	6	7
6	9	5	8	2	7	4	3	1
4	8	7	6	3	1	2	5	9

4/8

3	9	7	2	5	1	8	4	6
4	8	2	3	6	7	5	1	9
1	5	6	4	9	8	3	2	7
8	6	3	9	1	2	7	5	4
5	2	4	8	7	6	9	3	1
7	1	9	5	3	4	6	8	2
2	3	5	7	4	9	1	6	8
9	4	1	6	8	5	2	7	3
6	7	8	1	2	3	4	9	5

49

9	2	6	8	7	3	5	4	1
4	3	1	2	6	5	8	7	9
7	8	5	4	9	1	3	6	2
5	6	2	3	1	9	4	8	7
3	7	8	5	2	4	1	9	6
1	4	9	7	8	6	2	3	5
2	1	7	9	3	8	6	5	4
6	5	3	1	4	7	9	2	8
8	9	4	6	5	2	7	1	3

50

9	1	8	7	5	2	6	3	4
6	3	4	8	1	9	7	5	2
5	2	7	4	6	3	8	1	9
2	5	3	6	7	1	9	4	8
1	7	9	2	8	4	5	6	3
4	8	6	3	9	5	1	2	7
8	9	2	1	3	6	4	7	5
3	6	5	9	4	7	2	8	1
7	4	1	5	2	8	3	9	6

51

9	4	8	5	7	1	6	3	2
7	2	6	8	3	4	9	1	5
1	3	5	2	9	6	8	7	4
8	6	7	1	5	3	4	2	9
4	9	1	6	2	7	5	8	3
2	5	3	9	4	8	7	6	1
6	8	2	4	1	9	3	5	7
5	7	9	3	6	2	1	4	8
3	1	4	7	8	5	2	9	6

52

2	3	8	4	5	7	6	1	9
4	9	6	3	1	2	7	8	5
5	7	1	8	6	9	3	4	2
3	8	4	6	9	1	5	2	7
7	1	2	5	4	3	8	9	6
9	6	5	7	2	8	1	3	4
1	4	7	9	3	6	2	5	8
6	5	3	2	8	4	9	7	1
8	2	9	1	7	5	4	6	3

53

2	5	8	4	7	9	6	3	1
6	3	9	5	2	1	4	7	8
7	4	1	3	8	6	5	9	2
4	1	5	6	9	8	3	2	7
9	2	7	1	4	3	8	6	5
3	8	6	7	5	2	9	1	4
5	6	2	8	3	7	1	4	9
8	7	3	9	1	4	2	5	6
1	9	4	2	6	5	7	8	3

54

5	3	1	9	7	8	2	4	6
9	6	2	5	4	3	7	1	8
4	7	8	6	2	1	5	3	9
1	8	5	7	3	2	6	9	4
2	9	6	1	5	4	8	7	3
7	4	3	8	6	9	1	5	2
8	2	9	3	1	7	4	6	5
6	1	4	2	9	5	3	8	7
3	5	7	4	8	6	9	2	1

55

2	3	4	7	9	6	5	8	1
5	6	7	8	3	1	2	4	9
1	9	8	4	2	5	6	3	7
7	2	5	6	1	8	4	9	3
4	8	9	2	5	3	7	1	6
6	1	3	9	4	7	8	2	5
8	4	6	3	7	9	1	5	2
3	5	2	1	6	4	9	7	8
9	7	1	5	8	2	3	6	4

56

2	5	9	6	8	1	4	7	3
4	8	7	9	2	3	1	6	5
1	3	6	7	5	4	9	8	2
7	2	5	4	3	8	6	1	9
9	4	3	1	6	7	2	5	8
6	1	8	5	9	2	7	3	4
8	7	1	2	4	5	3	9	6
3	6	2	8	1	9	5	4	7
5	9	4	3	7	6	8	2	1

57

2	9	8	1	6	5	3	4	7
3	7	5	8	9	4	2	6	1
4	6	1	2	7	3	5	8	9
6	3	2	4	8	9	7	1	5
9	5	4	6	1	7	8	2	3
8	1	7	5	3	2	4	9	6
5	8	6	7	4	1	9	3	2
1	2	9	3	5	8	6	7	4
7	4	3	9	2	6	1	5	8

58

7	5	1	9	3	6	2	8	4
8	3	9	4	2	7	5	6	1
4	2	6	1	5	8	3	7	9
3	7	2	6	4	1	9	5	8
5	1	4	3	8	9	6	2	7
6	9	8	2	7	5	4	1	3
2	6	7	8	9	4	1	3	5
9	8	3	5	1	2	7	4	6
1	4	5	7	6	3	8	9	2

59

6	3	4	5	2	9	1	7	8
9	2	7	3	1	8	4	5	6
1	5	8	4	6	7	9	2	3
4	6	3	7	5	1	8	9	2
5	8	2	9	3	4	7	6	1
7	9	1	2	8	6	3	4	5
8	1	9	6	4	5	2	3	7
3	4	5	1	7	2	6	8	9
2	7	6	8	9	3	5	1	4

60

3	1	2	8	5	7	9	6	4
5	9	6	3	4	1	8	2	7
8	4	7	6	9	2	3	1	5
9	7	1	4	2	3	5	8	6
2	3	4	5	8	6	7	9	1
6	8	5	1	7	9	2	4	3
1	5	3	2	6	8	4	7	9
4	2	9	7	1	5	6	3	8
7	6	8	9	3	4	1	5	2

61

1	5	9	4	2	7	8	6	3
6	7	3	1	5	8	4	9	2
4	8	2	9	3	6	1	5	7
8	2	7	6	1	9	5	3	4
9	4	6	3	7	5	2	8	1
3	1	5	8	4	2	9	7	6
5	3	1	7	8	4	6	2	9
2	6	4	5	9	3	7	1	8
7	9	8	2	6	1	3	4	5

62

9	1	8	6	5	7	4	2	3
6	4	7	1	2	3	5	9	8
2	3	5	8	9	4	1	6	7
7	8	6	9	4	2	3	5	1
5	2	4	7	3	1	9	8	6
3	9	1	5	6	8	7	4	2
4	7	9	3	8	6	2	1	5
1	6	2	4	7	5	8	3	9
8	5	3	2	1	9	6	7	4

63

2	4	1	8	7	9	6	3	5
8	3	9	4	5	6	2	7	1
6	5	7	2	3	1	9	8	4
4	6	2	5	1	7	3	9	8
7	8	5	3	9	4	1	2	6
1	9	3	6	8	2	5	4	7
9	1	8	7	2	5	4	6	3
5	7	6	9	4	3	8	1	2
3	2	4	1	6	8	7	5	9

64

3	4	6	5	2	7	8	9	1
8	5	1	4	6	9	7	2	3
9	7	2	1	8	3	5	6	4
2	9	8	3	5	4	1	7	6
7	6	4	2	9	1	3	5	8
1	3	5	6	7	8	2	4	9
5	1	9	8	4	2	6	3	7
4	2	3	7	1	6	9	8	5
6	8	7	9	3	5	4	1	2

65

4	9	3	2	7	8	6	1	5
8	5	7	4	6	1	3	9	2
2	6	1	9	3	5	4	7	8
7	3	2	8	9	4	5	6	1
6	8	5	7	1	2	9	3	4
1	4	9	6	5	3	2	8	7
9	1	6	5	2	7	8	4	3
3	2	4	1	8	6	7	5	9
5	7	8	3	4	9	1	2	6

66

4	8	7	1	2	3	6	9	5
6	3	9	8	4	5	7	2	1
1	5	2	6	7	9	3	4	8
5	7	1	9	3	2	4	8	6
2	9	3	4	6	8	1	5	7
8	4	6	5	1	7	2	3	9
7	2	5	3	8	6	9	1	4
3	1	8	7	9	4	5	6	2
9	6	4	2	5	1	8	7	3

67

7	4	6	9	8	2	3	1	5
5	1	8	7	3	6	2	9	4
2	9	3	1	4	5	6	7	8
9	5	2	4	6	3	7	8	1
1	6	7	2	9	8	4	5	3
3	8	4	5	1	7	9	6	2
4	2	5	8	7	9	1	3	6
6	7	1	3	5	4	8	2	9
8	3	9	6	2	1	5	4	7

68

2	8	5	3	7	1	4	6	9
3	7	1	4	6	9	5	8	2
4	6	9	8	5	2	3	1	7
6	1	3	9	8	5	7	2	4
8	4	7	1	2	3	6	9	5
5	9	2	7	4	6	1	3	8
7	2	8	6	1	4	9	5	3
1	3	4	5	9	8	2	7	6
9	5	6	2	3	7	8	4	1

69

8	1	3	7	5	4	6	2	9
9	6	7	1	8	2	5	4	3
4	2	5	9	6	3	1	7	8
5	8	1	2	9	6	7	3	4
2	3	6	5	4	7	8	9	1
7	4	9	3	1	8	2	6	5
3	7	8	4	2	1	9	5	6
1	9	4	6	7	5	3	8	2
6	5	2	8	3	9	4	1	7

70

3	7	5	2	8	6	1	4	9
1	2	9	3	5	4	7	8	6
4	8	6	7	1	9	5	2	3
7	9	2	5	6	8	3	1	4
5	6	1	9	4	3	2	7	8
8	3	4	1	2	7	9	6	5
6	1	7	4	9	5	8	3	2
2	5	8	6	3	1	4	9	7
9	4	3	8	7	2	6	5	1

71

2	6	9	1	5	4	3	7	8
8	1	5	3	2	7	4	6	9
3	7	4	6	9	8	5	2	1
9	8	1	7	6	3	2	4	5
5	3	7	4	8	2	1	9	6
4	2	6	9	1	5	8	3	7
6	5	8	2	4	9	7	1	3
1	4	3	8	7	6	9	5	2
7	9	2	5	3	1	6	8	4

72

1	6	5	3	9	4	8	7	2
4	2	7	8	6	5	3	1	9
9	8	3	2	7	1	5	4	6
8	4	9	5	3	7	6	2	1
5	1	2	9	4	6	7	8	3
3	7	6	1	8	2	4	9	5
6	3	8	7	2	9	1	5	4
7	9	1	4	5	3	2	6	8
2	5	4	6	1	8	9	3	7

73

4	5	1	8	9	3	6	7	2
2	8	7	1	6	5	9	4	3
6	3	9	2	4	7	1	5	8
7	2	8	6	3	4	5	1	9
3	1	5	9	7	2	4	8	6
9	6	4	5	8	1	3	2	7
5	4	6	3	2	8	7	9	1
1	9	2	7	5	6	8	3	4
8	7	3	4	1	9	2	6	5

74

5	6	4	8	7	9	3	1	2
2	3	1	4	6	5	7	9	8
7	8	9	2	1	3	4	6	5
1	7	2	3	4	6	8	5	9
8	4	6	5	9	2	1	7	3
3	9	5	7	8	1	2	4	6
4	5	7	9	3	8	6	2	1
6	2	3	1	5	4	9	8	7
9	1	8	6	2	7	5	3	4

75

8	1	3	7	5	4	6	2	9
9	6	7	1	8	2	5	4	3
4	2	5	9	6	3	1	7	8
5	8	1	2	9	6	7	3	4
2	3	6	5	4	7	8	9	1
7	4	9	3	1	8	2	6	5
3	7	8	4	2	1	9	5	6
1	9	4	6	7	5	3	8	2
6	5	2	8	3	9	4	1	7

76

7	8	6	5	9	3	2	1	4
2	4	1	8	6	7	5	9	3
9	5	3	1	4	2	8	7	6
3	7	9	4	1	5	6	8	2
1	2	5	6	7	8	3	4	9
4	6	8	3	2	9	7	5	1
6	1	7	2	5	4	9	3	8
8	9	2	7	3	1	4	6	5
5	3	4	9	8	6	1	2	7

77

7	1	9	4	5	2	8	6	3
2	5	8	1	6	3	4	7	9
3	4	6	7	9	8	5	1	2
9	3	2	5	4	6	7	8	1
8	7	5	2	3	1	9	4	6
4	6	1	9	8	7	2	3	5
6	9	7	3	2	4	1	5	8
1	2	3	8	7	5	6	9	4
5	8	4	6	1	9	3	2	7

78

5	2	7	1	9	6	3	8	4
6	8	4	5	3	7	2	9	1
1	3	9	2	8	4	6	5	7
3	5	6	7	2	1	8	4	9
9	4	1	3	5	8	7	6	2
8	7	2	4	6	9	1	3	5
4	6	3	9	1	2	5	7	8
7	1	8	6	4	5	9	2	3
2	9	5	8	7	3	4	1	6

79

9	4	5	2	6	8	1	3	7
8	7	1	9	3	5	6	4	2
2	6	3	7	4	1	9	8	5
6	2	8	4	5	3	7	9	1
7	1	4	8	2	9	3	5	6
3	5	9	6	1	7	4	2	8
5	8	7	1	9	4	2	6	3
4	3	6	5	7	2	8	1	9
1	9	2	3	8	6	5	7	4

80

7	6	9	1	4	5	2	3	8
8	1	5	2	6	3	7	4	9
2	3	4	7	9	8	1	6	5
4	5	1	3	7	9	6	8	2
9	7	6	8	5	2	4	1	3
3	2	8	6	1	4	5	9	7
6	4	3	5	8	7	9	2	1
5	9	2	4	3	1	8	7	6
1	8	7	9	2	6	3	5	4

8-1

3	4	7	8	1	5	9	2	6
8	6	2	4	3	9	7	5	1
1	9	5	6	2	7	8	3	4
7	3	1	9	4	2	6	8	5
2	5	6	3	7	8	1	4	9
9	8	4	1	5	6	2	7	3
4	2	3	7	6	1	5	9	8
6	7	9	5	8	4	3	1	2
5	1	8	2	9	3	4	6	7

8-2

8	1	3	7	5	4	6	2	9
9	6	7	1	8	2	5	4	3
4	2	5	9	6	3	1	7	8
5	8	1	2	9	6	7	3	4
2	3	6	5	4	7	8	9	1
7	4	9	3	1	8	2	6	5
3	7	8	4	2	1	9	5	6
1	9	4	6	7	5	3	8	2
6	5	2	8	3	9	4	1	7

8-3

9	1	8	3	7	2	6	5	4
7	6	4	5	9	8	1	2	3
5	3	2	4	1	6	7	9	8
6	5	3	2	8	9	4	7	1
4	7	9	6	3	1	2	8	5
2	8	1	7	4	5	3	6	9
1	9	6	8	2	4	5	3	7
8	2	7	1	5	3	9	4	6
3	4	5	9	6	7	8	1	2

8-4

7	5	2	6	1	9	8	4	3
1	6	9	8	3	4	2	5	7
8	4	3	2	7	5	9	1	6
2	1	8	9	6	7	4	3	5
3	9	6	4	5	8	7	2	1
4	7	5	1	2	3	6	8	9
6	8	4	3	9	1	5	7	2
9	3	7	5	8	2	1	6	4
5	2	1	7	4	6	3	9	8

8-5

8	2	9	1	6	4	7	3	5
4	7	5	8	2	3	1	6	9
6	1	3	7	5	9	8	2	4
9	5	8	2	3	7	4	1	6
1	3	7	6	4	8	9	5	2
2	4	6	9	1	5	3	7	8
5	8	1	4	7	2	6	9	3
3	6	4	5	9	1	2	8	7
7	9	2	3	8	6	5	4	1

8-6

2	8	4	9	1	7	5	6	3
6	1	5	3	4	2	8	9	7
3	7	9	6	5	8	2	4	1
8	4	2	1	9	5	7	3	6
7	9	6	8	2	3	4	1	5
5	3	1	4	7	6	9	2	8
4	6	7	2	8	1	3	5	9
1	2	8	5	3	9	6	7	4
9	5	3	7	6	4	1	8	2

8-7

7	5	9	4	1	3	2	8	6
1	6	2	9	5	8	3	7	4
8	3	4	7	6	2	9	5	1
9	1	6	8	2	5	4	3	7
5	7	8	1	3	4	6	2	9
2	4	3	6	9	7	8	1	5
4	2	1	5	8	9	7	6	3
6	8	7	3	4	1	5	9	2
3	9	5	2	7	6	1	4	8

8-8

9	2	8	6	4	1	5	3	7
5	3	7	2	8	9	1	4	6
1	4	6	5	7	3	8	2	9
4	8	2	9	5	6	7	1	3
3	7	1	4	2	8	6	9	5
6	5	9	1	3	7	2	8	4
2	9	3	7	1	5	4	6	8
8	1	5	3	6	4	9	7	2
7	6	4	8	9	2	3	5	1

5	7	2	6	8	1	3	4	9
9	4	6	7	5	3	1	8	2
1	3	8	2	4	9	7	5	6
6	5	7	9	1	8	2	3	4
8	1	9	3	2	4	5	6	7
4	2	3	5	7	6	9	1	8
3	8	1	4	9	2	6	7	5
2	6	5	8	3	7	4	9	1
7	9	4	1	6	5	8	2	3

8	5	6	2	7	3	4	1	9
1	7	3	9	4	8	5	2	6
4	9	2	6	1	5	8	3	7
3	1	5	7	8	4	6	9	2
2	6	7	3	5	9	1	4	8
9	4	8	1	6	2	7	5	3
6	2	4	5	9	7	3	8	1
7	8	9	4	3	1	2	6	5
5	3	1	8	2	6	9	7	4

2	1	5	8	3	4	9	7	6
3	7	4	9	2	6	8	1	5
6	8	9	1	7	5	3	2	4
5	3	6	2	8	1	4	9	7
4	2	8	6	9	7	1	5	3
1	9	7	5	4	3	6	8	2
7	5	3	4	1	9	2	6	8
8	6	1	3	5	2	7	4	9
9	4	2	7	6	8	5	3	1

3	9	4	2	6	7	8	1	5
5	8	1	9	3	4	6	7	2
7	6	2	1	8	5	4	3	9
2	5	7	8	9	6	3	4	1
8	3	9	5	4	1	2	6	7
4	1	6	3	7	2	9	5	8
9	7	8	4	5	3	1	2	6
1	4	5	6	2	8	7	9	3
6	2	3	7	1	9	5	8	4

6	4	7	3	9	2	8	1	5
2	3	8	7	1	5	4	6	9
5	9	1	6	8	4	7	2	3
3	7	2	1	6	9	5	8	4
4	6	5	2	3	8	1	9	7
8	1	9	4	5	7	2	3	6
1	8	6	5	4	3	9	7	2
7	5	3	9	2	1	6	4	8
9	2	4	8	7	6	3	5	1

5	7	1	6	9	2	3	8	4
2	6	8	7	4	3	1	9	5
9	3	4	8	1	5	7	2	6
8	5	2	3	6	9	4	1	7
3	4	7	2	5	1	9	6	8
1	9	6	4	7	8	2	5	3
4	1	9	5	8	7	6	3	2
6	2	5	1	3	4	8	7	9
7	8	3	9	2	6	5	4	1

8	1	3	7	5	4	6	2	9
9	6	7	1	8	2	5	4	3
4	2	5	9	6	3	1	7	8
5	8	1	2	9	6	7	3	4
2	3	6	5	4	7	8	9	1
7	4	9	3	1	8	2	6	5
3	7	8	4	2	1	9	5	6
1	9	4	6	7	5	3	8	2
6	5	2	8	3	9	4	1	7

7	9	3	1	2	6	8	4	5
6	4	5	9	3	8	7	1	2
8	2	1	4	5	7	6	9	3
3	7	9	2	8	5	4	6	1
2	1	8	3	6	4	5	7	9
5	6	4	7	9	1	3	2	8
9	5	2	6	4	3	1	8	7
1	8	6	5	7	9	2	3	4
4	3	7	8	1	2	9	5	6

97

6	2	9	4	3	5	1	7	8
1	8	5	7	2	6	4	3	9
4	3	7	1	8	9	5	2	6
8	6	1	9	4	3	2	5	7
7	9	3	8	5	2	6	1	4
2	5	4	6	1	7	9	8	3
9	1	2	3	6	8	7	4	5
5	7	8	2	9	4	3	6	1
3	4	6	5	7	1	8	9	2

98

9	1	2	4	8	6	7	3	5
8	7	4	3	5	9	1	6	2
3	5	6	1	7	2	9	8	4
1	6	7	5	2	8	3	4	9
4	9	5	6	3	7	2	1	8
2	8	3	9	4	1	5	7	6
6	2	1	8	9	3	4	5	7
7	4	8	2	1	5	6	9	3
5	3	9	7	6	4	8	2	1

99

8	1	3	7	5	4	6	2	9
9	6	7	1	8	2	5	4	3
4	2	5	9	6	3	1	7	8
5	8	1	2	9	6	7	3	4
2	3	6	5	4	7	8	9	1
7	4	9	3	1	8	2	6	5
3	7	8	4	2	1	9	5	6
1	9	4	6	7	5	3	8	2
6	5	2	8	3	9	4	1	7

100

6	9	4	3	8	5	1	2	7
8	7	3	9	2	1	4	6	5
5	1	2	4	7	6	3	8	9
3	8	7	1	6	9	5	4	2
2	4	5	7	3	8	9	1	6
9	6	1	5	4	2	8	7	3
7	5	8	2	9	4	6	3	1
4	2	9	6	1	3	7	5	8
1	3	6	8	5	7	2	9	4

101

7	5	9	1	8	3	6	4	2
6	8	1	4	9	2	3	7	5
2	3	4	5	6	7	9	8	1
1	6	7	9	4	5	2	3	8
9	4	3	2	1	8	5	6	7
8	2	5	7	3	6	1	9	4
5	1	6	8	7	9	4	2	3
4	9	8	3	2	1	7	5	6
3	7	2	6	5	4	8	1	9

102

9	6	1	7	4	5	2	3	8
3	2	8	6	9	1	7	4	5
4	7	5	3	8	2	6	9	1
1	3	2	9	5	4	8	7	6
8	9	4	2	6	7	5	1	3
7	5	6	1	3	8	4	2	9
6	4	7	5	1	3	9	8	2
5	8	3	4	2	9	1	6	7
2	1	9	8	7	6	3	5	4

103

4	8	2	1	6	3	5	7	9
6	3	9	4	5	7	8	2	1
5	1	7	8	2	9	6	3	4
3	9	5	2	7	6	4	1	8
7	2	1	9	4	8	3	5	6
8	6	4	5	3	1	2	9	7
9	5	3	6	1	4	7	8	2
2	4	8	7	9	5	1	6	3
1	7	6	3	8	2	9	4	5

104

7	1	6	4	9	5	8	3	2
3	8	5	1	6	2	4	7	9
4	9	2	7	3	8	6	5	1
1	3	9	8	7	6	2	4	5
2	7	8	5	1	4	3	9	6
6	5	4	3	2	9	7	1	8
9	4	7	6	8	1	5	2	3
8	2	3	9	5	7	1	6	4
5	6	1	2	4	3	9	8	7

105

8	1	7	9	5	6	2	3	4
9	4	3	1	7	2	8	5	6
5	2	6	8	3	4	7	1	9
6	3	2	4	9	1	5	8	7
1	5	4	2	8	7	9	6	3
7	9	8	3	6	5	4	2	1
2	7	9	6	1	8	3	4	5
3	8	1	5	4	9	6	7	2
4	6	5	7	2	3	1	9	8

106

1	2	6	9	7	3	4	8	5
8	4	3	5	1	2	6	9	7
5	9	7	6	8	4	3	1	2
4	6	1	2	9	8	7	5	3
7	8	9	4	3	5	1	2	6
2	3	5	7	6	1	9	4	8
3	5	2	1	4	6	8	7	9
9	1	8	3	2	7	5	6	4
6	7	4	8	5	9	2	3	1

107

1	9	7	2	4	5	8	6	3
3	4	6	7	1	8	5	2	9
5	8	2	9	3	6	7	1	4
4	7	9	5	2	3	6	8	1
2	6	5	8	9	1	4	3	7
8	1	3	6	7	4	9	5	2
9	2	8	1	5	7	3	4	6
7	5	4	3	6	2	1	9	8
6	3	1	4	8	9	2	7	5

108

8	1	7	5	2	9	6	3	4
6	5	4	7	8	3	1	9	2
3	9	2	1	6	4	8	7	5
7	8	9	2	5	1	4	6	3
4	6	1	3	7	8	5	2	9
5	2	3	9	4	6	7	1	8
1	4	5	6	3	2	9	8	7
9	3	8	4	1	7	2	5	6
2	7	6	8	9	5	3	4	1

109

8	7	2	3	9	6	4	5	1
5	6	1	4	7	2	8	3	9
3	9	4	8	5	1	7	2	6
2	4	6	5	3	9	1	7	8
1	8	3	6	4	7	2	9	5
7	5	9	2	1	8	6	4	3
6	3	7	1	2	5	9	8	4
9	1	5	7	8	4	3	6	2
4	2	8	9	6	3	5	1	7

110

2	6	3	9	4	5	8	1	7
4	9	8	2	1	7	5	6	3
1	7	5	3	8	6	4	2	9
3	2	1	6	9	8	7	5	4
9	5	4	1	7	2	3	8	6
6	8	7	4	5	3	2	9	1
8	4	2	7	6	9	1	3	5
7	3	9	5	2	1	6	4	8
5	1	6	8	3	4	9	7	2

111

8	1	6	2	5	9	7	3	4
4	5	9	1	7	3	8	6	2
3	2	7	4	8	6	5	1	9
1	7	8	9	4	2	6	5	3
5	3	2	7	6	8	4	9	1
9	6	4	5	3	1	2	8	7
2	9	5	8	1	7	3	4	6
6	8	1	3	2	4	9	7	5
7	4	3	6	9	5	1	2	8

112

8	9	2	1	6	5	4	3	7
3	4	7	9	2	8	5	1	6
6	1	5	3	4	7	8	2	9
1	5	6	2	8	4	9	7	3
4	8	9	6	7	3	1	5	2
7	2	3	5	1	9	6	4	8
2	7	4	8	9	1	3	6	5
9	3	1	7	5	6	2	8	4
5	6	8	4	3	2	7	9	1

113

9	3	2	1	8	4	5	7	6
7	8	6	3	9	5	2	1	4
4	1	5	7	6	2	9	3	8
6	4	8	5	3	7	1	2	9
2	9	7	4	1	8	3	6	5
1	5	3	6	2	9	8	4	7
3	7	1	9	5	6	4	8	2
5	2	4	8	7	3	6	9	1
8	6	9	2	4	1	7	5	3

114

7	5	6	4	8	1	9	3	2
1	3	9	6	5	2	4	8	7
8	2	4	9	3	7	6	5	1
4	6	5	3	1	9	7	2	8
3	9	1	7	2	8	5	4	6
2	8	7	5	4	6	3	1	9
5	7	8	2	6	4	1	9	3
6	4	2	1	9	3	8	7	5
9	1	3	8	7	5	2	6	4

115

5	7	4	9	2	3	1	6	8
1	2	9	6	7	8	5	4	3
6	8	3	5	1	4	2	9	7
3	5	1	7	6	9	8	2	4
8	9	2	4	3	5	7	1	6
4	6	7	1	8	2	9	3	5
7	4	5	2	9	6	3	8	1
2	1	8	3	4	7	6	5	9
9	3	6	8	5	1	4	7	2

116

3	1	5	2	6	4	9	7	8
2	6	9	7	8	1	3	5	4
4	7	8	9	3	5	6	1	2
9	4	6	8	2	7	1	3	5
7	2	3	1	5	6	4	8	9
8	5	1	3	4	9	2	6	7
1	9	2	5	7	3	8	4	6
5	8	4	6	1	2	7	9	3
6	3	7	4	9	8	5	2	1

117

9	5	2	1	8	4	3	7	6
8	7	1	6	3	2	9	5	4
4	6	3	5	7	9	1	8	2
3	9	4	2	1	5	8	6	7
1	2	7	8	6	3	4	9	5
6	8	5	9	4	7	2	1	3
5	3	8	4	9	6	7	2	1
7	1	6	3	2	8	5	4	9
2	4	9	7	5	1	6	3	8

118

5	2	3	9	8	1	4	6	7
1	6	7	3	2	4	9	5	8
9	8	4	5	6	7	1	3	2
8	3	1	4	7	5	2	9	6
2	5	6	8	1	9	3	7	4
7	4	9	2	3	6	5	8	1
3	1	2	6	9	8	7	4	5
4	9	8	7	5	2	6	1	3
6	7	5	1	4	3	8	2	9

119

8	1	3	7	5	4	6	2	9
9	6	7	1	8	2	5	4	3
4	2	5	9	6	3	1	7	8
5	8	1	2	9	6	7	3	4
2	3	6	5	4	7	8	9	1
7	4	9	3	1	8	2	6	5
3	7	8	4	2	1	9	5	6
1	9	4	6	7	5	3	8	2
6	5	2	8	3	9	4	1	7

120

7	5	9	1	2	4	3	6	8
3	4	8	9	5	6	2	7	1
2	6	1	3	8	7	9	4	5
4	3	5	7	6	8	1	2	9
8	7	6	2	1	9	5	3	4
1	9	2	5	4	3	6	8	7
6	8	3	4	9	5	7	1	2
5	2	4	6	7	1	8	9	3
9	1	7	8	3	2	4	5	6

121

1	5	2	9	8	7	4	3	6
9	4	3	1	5	6	2	8	7
8	6	7	4	3	2	9	5	1
6	1	5	2	7	9	8	4	3
7	3	9	5	4	8	6	1	2
2	8	4	6	1	3	5	7	9
5	2	8	3	6	1	7	9	4
3	7	6	8	9	4	1	2	5
4	9	1	7	2	5	3	6	8

122

7	4	2	8	3	6	5	1	9
1	6	8	7	9	5	4	3	2
3	9	5	4	2	1	8	7	6
6	1	4	3	8	7	2	9	5
2	8	7	5	4	9	1	6	3
5	3	9	1	6	2	7	4	8
4	7	3	6	5	8	9	2	1
9	5	6	2	1	4	3	8	7
8	2	1	9	7	3	6	5	4

123

6	3	7	1	9	8	5	2	4
8	4	9	7	5	2	1	6	3
2	5	1	6	4	3	9	8	7
4	1	3	5	7	6	8	9	2
5	6	8	2	3	9	7	4	1
9	7	2	8	1	4	6	3	5
7	9	6	4	2	1	3	5	8
1	8	4	3	6	5	2	7	9
3	2	5	9	8	7	4	1	6

124

1	3	2	6	4	9	5	8	7
9	4	8	5	7	1	6	3	2
6	7	5	3	2	8	1	9	4
2	6	4	7	5	3	8	1	9
5	1	9	4	8	6	7	2	3
3	8	7	1	9	2	4	6	5
4	2	6	8	3	5	9	7	1
8	5	3	9	1	7	2	4	6
7	9	1	2	6	4	3	5	8

125

9	7	1	4	2	3	5	6	8
5	8	4	1	9	6	7	2	3
3	6	2	7	5	8	9	4	1
6	4	5	9	8	1	3	7	2
1	2	9	3	7	4	6	8	5
7	3	8	5	6	2	4	1	9
2	1	7	6	3	5	8	9	4
8	9	3	2	4	7	1	5	6
4	5	6	8	1	9	2	3	7

126

7	3	5	4	2	8	6	1	9
8	1	2	5	6	9	4	3	7
6	9	4	1	7	3	5	2	8
2	6	1	8	3	7	9	5	4
9	4	7	2	5	1	3	8	6
5	8	3	6	9	4	1	7	2
1	7	6	3	4	2	8	9	5
4	2	8	9	1	5	7	6	3
3	5	9	7	8	6	2	4	1

127

8	1	3	7	5	4	6	2	9
9	6	7	1	8	2	5	4	3
4	2	5	9	6	3	1	7	8
5	8	1	2	9	6	7	3	4
2	3	6	5	4	7	8	9	1
7	4	9	3	1	8	2	6	5
3	7	8	4	2	1	9	5	6
1	9	4	6	7	5	3	8	2
6	5	2	8	3	9	4	1	7

128

9	5	7	8	2	6	4	1	3
8	3	6	9	4	1	7	2	5
2	1	4	5	3	7	8	9	6
1	2	5	3	7	9	6	4	8
3	4	9	6	8	5	1	7	2
6	7	8	4	1	2	3	5	9
5	9	3	1	6	4	2	8	7
7	8	1	2	5	3	9	6	4
4	6	2	7	9	8	5	3	1

129

5	2	7	1	6	4	8	9	3
1	4	3	5	8	9	6	2	7
6	9	8	3	7	2	4	1	5
2	3	5	8	1	6	9	7	4
8	1	4	9	3	7	2	5	6
7	6	9	4	2	5	3	8	1
4	8	1	7	9	3	5	6	2
9	5	6	2	4	1	7	3	8
3	7	2	6	5	8	1	4	9

130

1	2	7	8	9	4	6	5	3
5	9	4	2	3	6	7	1	8
8	6	3	5	1	7	9	4	2
4	8	1	7	5	2	3	9	6
3	7	6	9	8	1	5	2	4
9	5	2	6	4	3	8	7	1
7	3	8	4	2	9	1	6	5
2	1	9	3	6	5	4	8	7
6	4	5	1	7	8	2	3	9

131

4	9	2	6	8	3	5	7	1
3	1	7	2	4	5	9	8	6
8	6	5	7	9	1	4	2	3
9	5	4	8	2	6	3	1	7
7	8	1	3	5	9	2	6	4
6	2	3	4	1	7	8	5	9
1	4	6	5	3	2	7	9	8
5	3	9	1	7	8	6	4	2
2	7	8	9	6	4	1	3	5

132

3	4	8	2	1	6	9	7	5
6	5	2	7	8	9	1	3	4
1	9	7	5	3	4	2	6	8
7	3	5	6	4	1	8	9	2
8	6	4	3	9	2	5	1	7
9	2	1	8	7	5	6	4	3
2	7	6	9	5	3	4	8	1
4	8	9	1	2	7	3	5	6
5	1	3	4	6	8	7	2	9

133

5	8	9	3	2	7	6	1	4
4	6	1	5	8	9	2	7	3
2	7	3	6	1	4	8	5	9
8	2	5	9	4	1	7	3	6
9	3	4	7	5	6	1	8	2
6	1	7	2	3	8	9	4	5
7	4	6	8	9	5	3	2	1
1	9	2	4	7	3	5	6	8
3	5	8	1	6	2	4	9	7

134

9	4	7	6	8	5	1	2	3
8	5	1	7	2	3	6	9	4
6	3	2	4	9	1	8	5	7
2	8	6	9	3	7	4	1	5
4	7	9	1	5	2	3	8	6
5	1	3	8	6	4	9	7	2
7	2	4	3	1	9	5	6	8
1	6	5	2	4	8	7	3	9
3	9	8	5	7	6	2	4	1

135

6	3	9	8	2	1	4	7	5
2	1	4	9	5	7	8	3	6
7	5	8	6	4	3	9	1	2
9	8	7	3	1	6	2	5	4
1	6	2	4	8	5	7	9	3
5	4	3	2	7	9	6	8	1
4	9	5	7	3	2	1	6	8
3	2	6	1	9	8	5	4	7
8	7	1	5	6	4	3	2	9

136

3	2	9	6	4	5	7	8	1
4	8	7	9	3	1	2	5	6
5	1	6	7	2	8	9	4	3
6	9	8	5	7	2	3	1	4
1	5	2	4	9	3	6	7	8
7	4	3	1	8	6	5	9	2
9	7	1	3	6	4	8	2	5
2	6	5	8	1	9	4	3	7
8	3	4	2	5	7	1	6	9

137

3	1	9	5	6	2	4	7	8
4	8	5	3	9	7	6	1	2
7	6	2	8	1	4	9	3	5
2	4	7	6	3	5	1	8	9
5	3	1	7	8	9	2	6	4
8	9	6	4	2	1	7	5	3
1	7	3	2	4	8	5	9	6
9	2	8	1	5	6	3	4	7
6	5	4	9	7	3	8	2	1

138

1	9	8	7	5	4	3	2	6
2	5	4	8	3	6	9	7	1
7	3	6	2	9	1	8	5	4
6	4	1	5	7	9	2	3	8
8	2	5	1	6	3	7	4	9
9	7	3	4	8	2	1	6	5
4	1	9	6	2	7	5	8	3
3	8	2	9	4	5	6	1	7
5	6	7	3	1	8	4	9	2

139

6	1	2	8	7	5	3	9	4
9	4	3	2	1	6	5	8	7
8	7	5	3	4	9	1	6	2
5	6	9	1	8	4	2	7	3
2	8	7	9	5	3	6	4	1
1	3	4	7	6	2	8	5	9
3	5	1	4	9	8	7	2	6
4	2	8	6	3	7	9	1	5
7	9	6	5	2	1	4	3	8

140

6	5	1	7	3	9	8	4	2
9	4	3	5	2	8	7	6	1
2	8	7	6	4	1	5	3	9
3	7	8	9	6	5	2	1	4
1	9	2	4	8	3	6	5	7
4	6	5	1	7	2	9	8	3
8	3	6	2	9	4	1	7	5
7	1	9	3	5	6	4	2	8
5	2	4	8	1	7	3	9	6

141

4	5	1	8	6	3	7	9	2
7	8	9	5	4	2	6	1	3
6	3	2	7	1	9	5	4	8
1	7	8	9	5	4	2	3	6
9	4	5	3	2	6	8	7	1
3	2	6	1	7	8	9	5	4
8	6	7	4	9	1	3	2	5
5	1	3	2	8	7	4	6	9
2	9	4	6	3	5	1	8	7

142

8	6	5	1	2	7	9	3	4
4	3	1	9	6	8	7	2	5
2	7	9	3	5	4	6	1	8
9	4	8	6	7	1	3	5	2
6	1	7	2	3	5	8	4	9
5	2	3	4	8	9	1	6	7
1	5	4	8	9	6	2	7	3
7	9	2	5	1	3	4	8	6
3	8	6	7	4	2	5	9	1

143

2	3	4	9	7	6	5	8	1
9	7	1	2	8	5	3	6	4
8	5	6	4	3	1	2	9	7
6	2	9	1	4	8	7	3	5
1	8	5	3	6	7	9	4	2
3	4	7	5	9	2	6	1	8
4	9	8	7	2	3	1	5	6
7	1	3	6	5	4	8	2	9
5	6	2	8	1	9	4	7	3

144

7	8	4	5	6	2	3	9	1
6	2	5	1	3	9	4	8	7
9	1	3	8	7	4	2	6	5
5	3	2	7	1	6	9	4	8
8	6	7	9	4	3	5	1	2
1	4	9	2	5	8	6	7	3
3	7	8	6	9	5	1	2	4
4	9	1	3	2	7	8	5	6
2	5	6	4	8	1	7	3	9

145

1	4	8	7	9	2	6	3	5
9	5	6	8	3	4	7	2	1
2	3	7	5	1	6	9	4	8
4	1	9	3	5	8	2	7	6
6	7	3	9	2	1	8	5	4
8	2	5	6	4	7	3	1	9
7	8	1	2	6	5	4	9	3
5	9	2	4	8	3	1	6	7
3	6	4	1	7	9	5	8	2

146

9	5	7	6	8	1	4	2	3
4	3	8	2	5	7	9	1	6
6	2	1	4	9	3	5	8	7
5	1	3	9	4	6	2	7	8
2	4	9	7	3	8	6	5	1
7	8	6	1	2	5	3	4	9
1	7	2	3	6	4	8	9	5
3	9	5	8	1	2	7	6	4
8	6	4	5	7	9	1	3	2

147

6	8	1	5	7	3	2	9	4
5	3	2	8	9	4	7	6	1
7	9	4	6	2	1	8	3	5
8	4	9	3	6	5	1	7	2
1	2	7	4	8	9	6	5	3
3	6	5	7	1	2	4	8	9
4	5	8	1	3	6	9	2	7
9	1	6	2	5	7	3	4	8
2	7	3	9	4	8	5	1	6

148

7	4	6	9	1	8	5	2	3
5	9	2	6	4	3	8	1	7
1	8	3	5	2	7	6	9	4
4	7	8	1	9	6	2	3	5
9	6	5	4	3	2	1	7	8
2	3	1	8	7	5	4	6	9
8	5	7	3	6	1	9	4	2
6	2	9	7	5	4	3	8	1
3	1	4	2	8	9	7	5	6

149

5	6	9	4	2	3	7	8	1
4	7	3	1	6	8	5	9	2
1	2	8	5	9	7	3	6	4
3	8	7	9	5	4	2	1	6
2	9	5	8	1	6	4	3	7
6	4	1	3	7	2	8	5	9
9	3	6	7	4	5	1	2	8
7	5	2	6	8	1	9	4	3
8	1	4	2	3	9	6	7	5

150

5	4	1	9	6	7	3	2	8
9	3	7	2	8	4	5	6	1
6	8	2	3	5	1	4	7	9
3	5	6	1	4	9	2	8	7
7	1	8	6	3	2	9	5	4
2	9	4	8	7	5	1	3	6
4	7	9	5	2	6	8	1	3
8	6	5	4	1	3	7	9	2
1	2	3	7	9	8	6	4	5

151

4	6	8	1	3	7	9	2	5
1	7	2	6	5	9	4	8	3
9	3	5	8	4	2	1	6	7
2	5	1	7	6	8	3	4	9
7	8	3	9	1	4	2	5	6
6	9	4	3	2	5	7	1	8
8	4	6	2	9	3	5	7	1
5	1	9	4	7	6	8	3	2
3	2	7	5	8	1	6	9	4

152

1	8	3	5	4	9	6	2	7
2	5	4	6	3	7	9	8	1
6	7	9	2	1	8	5	3	4
7	9	1	8	5	6	3	4	2
8	6	5	4	2	3	7	1	9
3	4	2	7	9	1	8	6	5
4	2	8	3	7	5	1	9	6
9	3	7	1	6	4	2	5	8
5	1	6	9	8	2	4	7	3

153

8	4	7	3	6	9	1	2	5
1	3	5	4	7	2	6	8	9
6	9	2	5	1	8	4	3	7
9	8	4	7	2	5	3	6	1
7	6	1	8	4	3	5	9	2
2	5	3	1	9	6	7	4	8
4	7	6	2	8	1	9	5	3
3	2	9	6	5	7	8	1	4
5	1	8	9	3	4	2	7	6

154

4	8	9	2	1	5	7	3	6
5	6	7	3	9	8	2	1	4
1	2	3	6	7	4	5	8	9
3	1	8	4	2	9	6	7	5
9	4	6	5	8	7	1	2	3
2	7	5	1	6	3	4	9	8
8	9	4	7	5	2	3	6	1
7	5	1	9	3	6	8	4	2
6	3	2	8	4	1	9	5	7

155

8	3	6	9	7	1	4	2	5
5	4	9	6	3	2	7	1	8
2	1	7	8	5	4	9	3	6
3	5	8	7	9	6	2	4	1
4	9	1	3	2	5	8	6	7
6	7	2	4	1	8	5	9	3
1	2	4	5	6	7	3	8	9
9	6	5	2	8	3	1	7	4
7	8	3	1	4	9	6	5	2

156

3	5	1	2	6	9	4	7	8
6	9	8	4	7	1	2	3	5
4	2	7	5	8	3	1	6	9
9	7	4	8	5	6	3	1	2
1	6	3	7	9	2	8	5	4
5	8	2	3	1	4	7	9	6
2	3	9	1	4	5	6	8	7
8	4	6	9	3	7	5	2	1
7	1	5	6	2	8	9	4	3

157

6	1	2	7	9	3	4	8	5
3	8	4	2	5	1	9	6	7
9	7	5	8	4	6	2	1	3
2	9	7	5	6	8	1	3	4
8	3	1	4	7	9	5	2	6
5	4	6	3	1	2	7	9	8
7	2	8	1	3	4	6	5	9
4	6	3	9	2	5	8	7	1
1	5	9	6	8	7	3	4	2

158

5	1	6	9	7	4	8	2	3
9	7	4	2	3	8	5	1	6
2	8	3	5	1	6	4	9	7
1	3	2	7	5	9	6	4	8
4	5	8	3	6	2	1	7	9
7	6	9	4	8	1	2	3	5
8	9	7	1	2	5	3	6	4
3	2	5	6	4	7	9	8	1
6	4	1	8	9	3	7	5	2

159

4	7	2	5	1	3	9	6	8
3	1	9	7	8	6	2	5	4
6	8	5	4	2	9	7	1	3
9	3	1	6	4	8	5	2	7
7	6	8	1	5	2	4	3	9
2	5	4	3	9	7	6	8	1
8	4	7	2	3	5	1	9	6
5	9	6	8	7	1	3	4	2
1	2	3	9	6	4	8	7	5

160

2	5	1	4	3	9	7	6	8
6	4	3	5	7	8	1	2	9
8	7	9	6	2	1	5	4	3
7	2	6	9	1	4	8	3	5
5	3	8	2	6	7	4	9	1
1	9	4	3	8	5	6	7	2
4	8	7	1	9	2	3	5	6
9	6	5	8	4	3	2	1	7
3	1	2	7	5	6	9	8	4

161

3	9	8	4	5	1	6	7	2
7	6	2	8	9	3	4	5	1
5	4	1	6	2	7	8	3	9
6	8	7	3	1	5	9	2	4
1	5	4	9	6	2	3	8	7
9	2	3	7	8	4	1	6	5
8	3	5	1	7	9	2	4	6
4	7	9	2	3	6	5	1	8
2	1	6	5	4	8	7	9	3

162

6	1	4	5	9	7	3	2	8
2	9	5	1	3	8	7	4	6
3	7	8	6	4	2	5	9	1
9	6	2	4	7	1	8	5	3
5	3	1	9	8	6	4	7	2
8	4	7	3	2	5	6	1	9
4	8	6	2	5	9	1	3	7
1	5	9	7	6	3	2	8	4
7	2	3	8	1	4	9	6	5

163

9	4	8	5	1	6	7	2	3
2	3	7	8	9	4	6	5	1
6	1	5	2	3	7	9	8	4
3	8	9	4	6	5	2	1	7
7	2	4	9	8	1	3	6	5
5	6	1	7	2	3	4	9	8
8	7	6	3	5	2	1	4	9
1	5	3	6	4	9	8	7	2
4	9	2	1	7	8	5	3	6

164

7	5	1	8	3	9	6	4	2
6	8	9	5	2	4	1	7	3
2	4	3	7	1	6	5	8	9
4	9	8	2	6	5	7	3	1
5	6	7	3	8	1	9	2	4
3	1	2	4	9	7	8	5	6
9	7	5	6	4	2	3	1	8
1	3	4	9	7	8	2	6	5
8	2	6	1	5	3	4	9	7

165

4	6	8	9	5	2	1	7	3
2	1	5	8	7	3	6	4	9
7	9	3	4	1	6	2	5	8
5	3	7	2	9	1	4	8	6
8	4	1	7	6	5	3	9	2
6	2	9	3	4	8	7	1	5
3	7	6	5	8	4	9	2	1
1	5	4	6	2	9	8	3	7
9	8	2	1	3	7	5	6	4

166

2	3	9	6	4	1	7	5	8
8	4	6	9	7	5	3	2	1
1	7	5	8	2	3	6	9	4
7	8	2	1	6	4	9	3	5
3	6	4	2	5	9	8	1	7
9	5	1	7	3	8	2	4	6
5	1	7	3	8	2	4	6	9
6	9	3	4	1	7	5	8	2
4	2	8	5	9	6	1	7	3

167

7	9	3	5	1	8	6	4	2
6	2	5	3	9	4	7	1	8
8	4	1	6	2	7	9	3	5
4	1	6	8	7	5	3	2	9
2	5	7	9	3	6	4	8	1
9	3	8	1	4	2	5	6	7
1	7	2	4	6	9	8	5	3
3	8	4	7	5	1	2	9	6
5	6	9	2	8	3	1	7	4

168

5	8	6	3	9	1	2	7	4
2	3	1	6	7	4	5	8	9
7	4	9	5	8	2	3	6	1
1	6	2	4	5	3	7	9	8
8	5	7	2	6	9	1	4	3
3	9	4	8	1	7	6	5	2
9	7	8	1	3	6	4	2	5
4	1	5	7	2	8	9	3	6
6	2	3	9	4	5	8	1	7

169

7	9	4	2	3	8	5	6	1
5	8	6	4	1	9	2	7	3
2	1	3	7	5	6	8	4	9
4	5	7	6	9	1	3	8	2
8	2	1	3	4	7	9	5	6
6	3	9	5	8	2	7	1	4
9	4	2	1	7	5	6	3	8
3	7	8	9	6	4	1	2	5
1	6	5	8	2	3	4	9	7

170

6	2	7	3	9	4	5	1	8
8	1	4	5	7	2	3	6	9
3	5	9	1	8	6	2	7	4
7	8	2	4	1	9	6	5	3
9	3	1	7	6	5	8	4	2
5	4	6	2	3	8	7	9	1
1	6	5	8	4	3	9	2	7
2	7	3	9	5	1	4	8	6
4	9	8	6	2	7	1	3	5

171

5	8	4	3	2	6	1	9	7
9	1	3	4	7	5	2	6	8
7	6	2	9	8	1	4	3	5
1	3	7	8	6	2	9	5	4
8	9	5	7	1	4	6	2	3
4	2	6	5	9	3	7	8	1
6	5	8	2	4	7	3	1	9
2	4	9	1	3	8	5	7	6
3	7	1	6	5	9	8	4	2

172

2	9	6	4	8	3	7	1	5
8	5	4	9	7	1	2	6	3
3	7	1	5	2	6	4	9	8
6	3	5	8	4	2	9	7	1
9	2	8	1	6	7	3	5	4
1	4	7	3	9	5	6	8	2
7	6	3	2	1	8	5	4	9
5	8	9	7	3	4	1	2	6
4	1	2	6	5	9	8	3	7

173

3	9	1	4	8	6	7	5	2
4	8	5	3	7	2	9	6	1
7	6	2	5	9	1	4	8	3
6	3	4	8	1	5	2	9	7
5	2	9	6	4	7	3	1	8
1	7	8	9	2	3	6	4	5
9	5	7	1	3	4	8	2	6
8	1	3	2	6	9	5	7	4
2	4	6	7	5	8	1	3	9

174

2	8	7	4	6	5	1	3	9
6	5	4	1	3	9	7	8	2
3	9	1	8	2	7	6	5	4
7	3	5	2	8	1	9	4	6
4	1	2	6	9	3	8	7	5
8	6	9	7	5	4	2	1	3
9	7	6	5	4	8	3	2	1
1	4	3	9	7	2	5	6	8
5	2	8	3	1	6	4	9	7

175

2	3	9	5	8	7	6	4	1
4	7	6	1	3	9	2	8	5
8	5	1	4	2	6	7	3	9
1	2	7	3	5	4	8	9	6
5	8	4	6	9	1	3	7	2
6	9	3	2	7	8	1	5	4
3	1	8	9	4	2	5	6	7
7	4	2	8	6	5	9	1	3
9	6	5	7	1	3	4	2	8

176

8	5	3	4	1	6	9	7	2
9	6	2	7	8	5	4	3	1
4	1	7	2	9	3	8	6	5
7	3	6	8	5	9	1	2	4
1	8	9	6	4	2	3	5	7
2	4	5	1	3	7	6	9	8
3	7	8	9	2	1	5	4	6
6	9	4	5	7	8	2	1	3
5	2	1	3	6	4	7	8	9

177

9	1	3	6	4	2	5	8	7
2	5	4	3	8	7	6	1	9
8	6	7	5	1	9	2	3	4
7	4	9	8	5	6	1	2	3
1	8	6	9	2	3	7	4	5
5	3	2	1	7	4	9	6	8
3	2	5	4	9	1	8	7	6
4	9	1	7	6	8	3	5	2
6	7	8	2	3	5	4	9	1

178

9	2	7	4	3	1	8	6	5
1	4	5	7	6	8	2	9	3
3	8	6	2	9	5	1	7	4
5	9	8	3	2	6	7	4	1
4	6	1	9	8	7	3	5	2
7	3	2	1	5	4	9	8	6
2	5	3	8	4	9	6	1	7
6	7	9	5	1	3	4	2	8
8	1	4	6	7	2	5	3	9

179

3	2	4	1	7	9	5	6	8
9	6	8	2	4	5	1	7	3
7	1	5	3	6	8	9	4	2
1	5	2	8	9	4	6	3	7
8	7	6	5	3	1	2	9	4
4	9	3	6	2	7	8	1	5
6	4	1	7	8	2	3	5	9
5	8	7	9	1	3	4	2	6
2	3	9	4	5	6	7	8	1

180

3	5	7	4	2	1	8	9	6
2	9	4	6	8	7	3	1	5
1	8	6	3	9	5	4	2	7
4	1	8	2	7	3	6	5	9
6	3	2	5	4	9	1	7	8
9	7	5	1	6	8	2	4	3
5	6	1	7	3	2	9	8	4
7	4	9	8	1	6	5	3	2
8	2	3	9	5	4	7	6	1

181

7	8	1	6	5	9	2	3	4
6	9	5	3	2	4	8	7	1
2	4	3	7	8	1	9	5	6
1	2	9	4	7	6	3	8	5
5	3	6	1	9	8	7	4	2
8	7	4	5	3	2	1	6	9
4	6	7	2	1	3	5	9	8
9	5	2	8	4	7	6	1	3
3	1	8	9	6	5	4	2	7

182

9	6	5	7	3	8	4	2	1
4	8	3	2	1	6	7	5	9
7	1	2	9	4	5	3	6	8
6	5	8	3	9	2	1	7	4
3	2	7	1	5	4	8	9	6
1	4	9	6	8	7	5	3	2
8	9	1	5	2	3	6	4	7
2	3	6	4	7	1	9	8	5
5	7	4	8	6	9	2	1	3

183

3	8	7	1	4	6	9	5	2
1	9	2	8	3	5	4	6	7
4	6	5	9	2	7	1	3	8
8	5	9	6	7	1	2	4	3
6	2	4	3	9	8	7	1	5
7	3	1	4	5	2	8	9	6
5	7	6	2	1	9	3	8	4
9	4	8	7	6	3	5	2	1
2	1	3	5	8	4	6	7	9

184

8	4	1	5	7	9	6	2	3
2	6	5	4	3	1	9	7	8
9	3	7	8	2	6	5	1	4
1	5	4	9	6	8	2	3	7
6	9	3	2	4	7	8	5	1
7	8	2	3	1	5	4	6	9
4	1	6	7	8	2	3	9	5
3	2	9	1	5	4	7	8	6
5	7	8	6	9	3	1	4	2

185

2	5	8	4	6	3	9	1	7
1	4	9	7	5	2	3	8	6
6	7	3	9	8	1	4	5	2
9	6	7	3	1	8	5	2	4
8	1	5	6	2	4	7	3	9
4	3	2	5	9	7	8	6	1
5	8	4	1	7	6	2	9	3
3	2	1	8	4	9	6	7	5
7	9	6	2	3	5	1	4	8

186

9	3	4	7	1	6	2	8	5
6	1	7	8	5	2	9	3	4
2	8	5	3	9	4	7	1	6
8	9	2	1	3	5	6	4	7
3	5	6	2	4	7	1	9	8
4	7	1	6	8	9	3	5	2
1	2	3	4	6	8	5	7	9
5	6	8	9	7	3	4	2	1
7	4	9	5	2	1	8	6	3

187

3	1	2	4	5	8	9	6	7
4	5	8	9	6	7	3	2	1
9	6	7	2	3	1	5	4	8
6	7	3	8	4	5	1	9	2
8	4	1	3	2	9	6	7	5
5	2	9	7	1	6	4	8	3
7	8	6	1	9	3	2	5	4
1	9	4	5	7	2	8	3	6
2	3	5	6	8	4	7	1	9

188

1	2	4	7	8	5	9	3	6
5	3	6	2	4	9	8	7	1
9	7	8	1	3	6	2	5	4
2	8	1	3	6	7	4	9	5
7	5	9	8	1	4	6	2	3
6	4	3	9	5	2	1	8	7
3	6	7	4	9	8	5	1	2
4	9	2	5	7	1	3	6	8
8	1	5	6	2	3	7	4	9

189

8	4	3	2	6	5	7	1	9
6	5	1	7	4	9	2	3	8
2	7	9	8	3	1	5	6	4
5	8	4	9	7	6	3	2	1
7	9	6	3	1	2	4	8	5
3	1	2	4	5	8	9	7	6
9	2	5	1	8	3	6	4	7
1	6	7	5	2	4	8	9	3
4	3	8	6	9	7	1	5	2

190

5	1	6	3	2	9	7	8	4
8	3	9	5	4	7	1	6	2
2	4	7	8	1	6	9	5	3
9	8	2	6	5	4	3	1	7
3	7	1	2	9	8	5	4	6
4	6	5	7	3	1	8	2	9
7	9	8	1	6	2	4	3	5
1	2	3	4	7	5	6	9	8
6	5	4	9	8	3	2	7	1

191

2	9	8	4	6	1	5	3	7
7	6	5	3	8	9	2	1	4
3	4	1	7	2	5	6	8	9
8	3	7	9	1	6	4	2	5
5	2	4	8	7	3	1	9	6
6	1	9	2	5	4	3	7	8
1	7	6	5	3	8	9	4	2
9	5	2	1	4	7	8	6	3
4	8	3	6	9	2	7	5	1

192

9	7	6	5	2	1	3	4	8
3	8	4	6	7	9	1	2	5
1	5	2	3	4	8	7	6	9
5	3	8	7	6	2	9	1	4
6	1	7	9	8	4	2	5	3
4	2	9	1	3	5	6	8	7
2	6	5	4	9	3	8	7	1
8	4	3	2	1	7	5	9	6
7	9	1	8	5	6	4	3	2

193

7	3	1	5	2	8	6	4	9
5	2	8	6	9	4	1	7	3
6	9	4	3	1	7	8	5	2
2	4	5	8	6	9	3	1	7
3	7	6	2	4	1	9	8	5
1	8	9	7	3	5	4	2	6
8	1	2	9	7	3	5	6	4
4	6	3	1	5	2	7	9	8
9	5	7	4	8	6	2	3	1

194

4	8	7	9	1	3	6	5	2
2	6	9	4	7	5	8	1	3
3	1	5	2	6	8	9	7	4
7	3	8	6	4	2	5	9	1
6	5	4	3	9	1	7	2	8
9	2	1	5	8	7	3	4	6
8	7	6	1	2	9	4	3	5
5	9	2	8	3	4	1	6	7
1	4	3	7	5	6	2	8	9

195

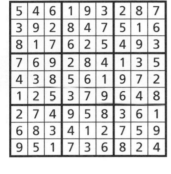

5	4	6	1	9	3	2	8	7
3	9	2	8	4	7	5	1	6
8	1	7	6	2	5	4	9	3
7	6	9	2	8	4	1	3	5
4	3	8	5	6	1	9	7	2
1	2	5	3	7	9	6	4	8
2	7	4	9	5	8	3	6	1
6	8	3	4	1	2	7	5	9
9	5	1	7	3	6	8	2	4

196

7	1	9	3	8	6	2	4	5
3	6	2	4	1	5	7	9	8
5	8	4	7	2	9	1	3	6
1	3	8	5	7	2	9	6	4
6	2	5	8	9	4	3	7	1
9	4	7	1	6	3	5	8	2
2	9	1	6	4	7	8	5	3
4	7	3	2	5	8	6	1	9
8	5	6	9	3	1	4	2	7

197

7	3	2	9	8	1	4	6	5
6	4	9	3	5	7	2	8	1
1	8	5	6	4	2	3	9	7
8	2	3	1	7	9	6	5	4
9	7	4	8	6	5	1	2	3
5	1	6	2	3	4	8	7	9
4	5	1	7	2	6	9	3	8
3	6	7	4	9	8	5	1	2
2	9	8	5	1	3	7	4	6

198

8	1	2	9	7	6	4	3	5
4	3	6	8	1	5	2	9	7
9	7	5	2	3	4	8	1	6
7	8	3	4	9	2	5	6	1
2	5	1	3	6	7	9	4	8
6	4	9	1	5	8	3	7	2
5	2	7	6	4	3	1	8	9
3	9	8	7	2	1	6	5	4
1	6	4	5	8	9	7	2	3

199

4	1	3	6	9	2	5	7	8
8	2	5	3	1	7	9	4	6
7	9	6	5	4	8	3	2	1
9	5	7	4	6	1	2	8	3
6	4	8	2	7	3	1	5	9
1	3	2	9	8	5	7	6	4
5	6	9	1	2	4	8	3	7
3	7	4	8	5	9	6	1	2
2	8	1	7	3	6	4	9	5

200

2	5	4	7	3	8	1	6	9
3	8	1	4	6	9	5	2	7
9	7	6	2	5	1	3	4	8
1	9	3	5	7	4	6	8	2
4	2	8	1	9	6	7	5	3
7	6	5	3	8	2	9	1	4
6	3	9	8	2	5	4	7	1
8	1	7	6	4	3	2	9	5
5	4	2	9	1	7	8	3	6

201

1	7	8	4	2	6	5	3	9
5	6	2	8	9	3	4	7	1
3	9	4	5	7	1	6	2	8
6	2	7	9	8	5	3	1	4
4	1	5	3	6	7	8	9	2
9	8	3	2	1	4	7	5	6
7	4	1	6	5	9	2	8	3
2	3	9	7	4	8	1	6	5
8	5	6	1	3	2	9	4	7

202

9	4	7	6	8	5	1	2	3
8	5	1	7	2	3	6	9	4
6	3	2	4	9	1	8	5	7
2	8	6	9	3	7	4	1	5
4	7	9	1	5	2	3	8	6
5	1	3	8	6	4	9	7	2
7	2	4	3	1	9	5	6	8
1	6	5	2	4	8	7	3	9
3	9	8	5	7	6	2	4	1

203

4	5	2	6	7	8	1	3	9
3	8	7	5	1	9	6	4	2
9	6	1	2	3	4	5	7	8
8	3	5	4	2	1	7	9	6
7	4	9	3	6	5	2	8	1
2	1	6	8	9	7	4	5	3
1	7	3	9	4	6	8	2	5
6	9	8	7	5	2	3	1	4
5	2	4	1	8	3	9	6	7

204

6	5	8	9	2	3	1	4	7
2	1	4	5	8	7	3	9	6
3	9	7	4	6	1	5	8	2
9	6	1	8	5	2	7	3	4
8	2	5	7	3	4	9	6	1
4	7	3	6	1	9	8	2	5
1	8	9	2	7	6	4	5	3
5	3	6	1	4	8	2	7	9
7	4	2	3	9	5	6	1	8

205

3	7	2	4	9	6	1	5	8
8	5	4	7	1	2	3	9	6
9	1	6	3	5	8	4	2	7
4	3	5	1	2	7	6	8	9
2	9	1	8	6	3	5	7	4
6	8	7	5	4	9	2	3	1
1	2	8	9	3	4	7	6	5
5	6	9	2	7	1	8	4	3
7	4	3	6	8	5	9	1	2

206

8	5	4	3	9	7	6	2	1
7	1	9	6	5	2	4	3	8
3	6	2	4	1	8	5	7	9
4	3	8	9	7	5	2	1	6
9	2	6	1	4	3	7	8	5
5	7	1	8	2	6	9	4	3
1	4	3	7	6	9	8	5	2
2	9	7	5	8	1	3	6	4
6	8	5	2	3	4	1	9	7

207

3	1	7	9	6	4	5	8	2
9	8	5	1	7	2	6	4	3
4	2	6	5	8	3	1	7	9
7	3	4	2	5	9	8	1	6
1	6	2	4	3	8	9	5	7
5	9	8	7	1	6	3	2	4
6	5	1	3	2	7	4	9	8
2	4	3	8	9	1	7	6	5
8	7	9	6	4	5	2	3	1

208

2	6	3	4	7	9	8	1	5
8	4	7	2	5	1	6	3	9
9	5	1	8	6	3	4	7	2
1	7	9	6	8	4	5	2	3
5	3	8	9	2	7	1	4	6
6	2	4	1	3	5	7	9	8
7	9	5	3	1	8	2	6	4
3	8	6	7	4	2	9	5	1
4	1	2	5	9	6	3	8	7

209

1	3	4	6	2	5	7	9	8
7	9	6	1	4	8	2	5	3
2	8	5	7	3	9	1	6	4
5	6	9	2	8	3	4	1	7
4	2	7	5	9	1	8	3	6
3	1	8	4	6	7	9	2	5
8	5	1	3	7	2	6	4	9
9	4	2	8	5	6	3	7	1
6	7	3	9	1	4	5	8	2

210

3	1	6	7	4	9	5	2	8
5	9	7	8	2	6	1	3	4
8	2	4	1	5	3	9	7	6
1	4	2	9	3	7	6	8	5
6	3	9	2	8	5	4	1	7
7	5	8	6	1	4	3	9	2
2	6	5	3	7	1	8	4	9
9	8	1	4	6	2	7	5	3
4	7	3	5	9	8	2	6	1

211

2	5	9	3	8	6	1	7	4
7	3	6	5	1	4	9	8	2
8	4	1	7	2	9	6	3	5
3	1	5	9	4	8	2	6	7
4	8	2	6	7	3	5	9	1
6	9	7	2	5	1	3	4	8
5	7	3	8	9	2	4	1	6
9	2	4	1	6	7	8	5	3
1	6	8	4	3	5	7	2	9

212

3	2	7	8	9	4	1	5	6
9	5	4	7	6	1	3	8	2
8	1	6	2	5	3	9	7	4
2	3	1	6	7	8	5	4	9
6	4	9	5	1	2	8	3	7
7	8	5	3	4	9	2	6	1
4	9	3	1	8	7	6	2	5
1	6	8	4	2	5	7	9	3
5	7	2	9	3	6	4	1	8

213

5	7	9	8	4	6	3	1	2
4	8	1	3	9	2	6	5	7
2	3	6	5	1	7	9	8	4
1	2	5	9	6	8	7	4	3
7	9	8	4	3	1	2	6	5
6	4	3	2	7	5	1	9	8
3	1	4	7	8	9	5	2	6
9	5	7	6	2	4	8	3	1
8	6	2	1	5	3	4	7	9

214

9	1	5	3	6	7	8	4	2
4	6	7	2	9	8	5	1	3
8	2	3	5	4	1	6	9	7
1	9	2	6	3	5	7	8	4
5	7	6	9	8	4	2	3	1
3	4	8	1	7	2	9	6	5
6	3	4	7	5	9	1	2	8
7	8	1	4	2	6	3	5	9
2	5	9	8	1	3	4	7	6

215

5	6	1	3	9	2	8	4	7
3	7	9	6	4	8	2	5	1
4	8	2	7	1	5	9	6	3
7	3	4	5	2	1	6	8	9
6	1	8	9	3	4	7	2	5
2	9	5	8	6	7	1	3	4
1	4	6	2	5	9	3	7	8
9	2	7	4	8	3	5	1	6
8	5	3	1	7	6	4	9	2

216

8	1	6	4	5	7	2	3	9
3	9	5	2	1	6	8	4	7
4	2	7	9	3	8	1	6	5
2	5	4	1	7	3	9	8	6
1	8	3	6	2	9	5	7	4
6	7	9	8	4	5	3	1	2
9	6	2	7	8	1	4	5	3
7	3	8	5	9	4	6	2	1
5	4	1	3	6	2	7	9	8

217

4	7	8	1	5	2	3	9	6
1	5	3	9	7	6	4	8	2
2	9	6	4	8	3	5	1	7
7	3	1	8	4	9	6	2	5
5	4	9	6	2	7	8	3	1
8	6	2	5	3	1	9	7	4
3	8	5	7	1	4	2	6	9
6	1	4	2	9	8	7	5	3
9	2	7	3	6	5	1	4	8

218

2	9	1	7	6	5	4	3	8
6	8	4	1	3	9	5	7	2
3	7	5	8	2	4	6	9	1
8	3	6	4	1	7	2	5	9
1	5	2	9	8	3	7	4	6
7	4	9	2	5	6	1	8	3
5	6	8	3	4	2	9	1	7
9	2	3	5	7	1	8	6	4
4	1	7	6	9	8	3	2	5

219

1	3	4	6	7	9	5	2	8
6	5	7	1	8	2	4	3	9
2	8	9	4	3	5	6	1	7
8	2	5	3	9	4	7	6	1
9	7	3	2	1	6	8	5	4
4	6	1	7	5	8	3	9	2
7	4	2	5	6	1	9	8	3
3	9	6	8	2	7	1	4	5
5	1	8	9	4	3	2	7	6

220

9	3	5	2	6	7	8	1	4
7	8	4	5	3	1	2	6	9
1	6	2	9	4	8	7	3	5
5	2	3	7	1	4	9	8	6
8	7	6	3	5	9	1	4	2
4	1	9	6	8	2	3	5	7
2	5	8	1	9	6	4	7	3
6	4	7	8	2	3	5	9	1
3	9	1	4	7	5	6	2	8

221

8	6	7	2	1	5	4	9	3
4	9	2	3	7	8	6	1	5
3	1	5	9	6	4	2	7	8
2	5	9	8	3	6	7	4	1
7	4	1	5	9	2	3	8	6
6	3	8	1	4	7	5	2	9
1	7	6	4	8	3	9	5	2
5	8	3	7	2	9	1	6	4
9	2	4	6	5	1	8	3	7

222

3	2	4	9	7	1	6	5	8
5	6	9	4	8	3	2	1	7
8	1	7	6	2	5	4	9	3
2	7	5	8	3	9	1	6	4
4	9	3	1	6	2	8	7	5
6	8	1	5	4	7	9	3	2
9	5	8	7	1	4	3	2	6
1	4	2	3	5	6	7	8	9
7	3	6	2	9	8	5	4	1

223

6	9	1	5	2	3	4	8	7
3	4	2	6	7	8	9	5	1
5	7	8	1	9	4	2	3	6
9	6	4	3	5	7	1	2	8
1	5	7	4	8	2	6	9	3
2	8	3	9	6	1	5	7	4
7	2	5	8	4	6	3	1	9
8	3	6	2	1	9	7	4	5
4	1	9	7	3	5	8	6	2

224

4	9	3	1	2	7	8	6	5
2	5	7	4	8	6	3	9	1
8	1	6	3	9	5	4	7	2
1	2	4	5	7	9	6	8	3
5	3	9	8	6	4	1	2	7
7	6	8	2	3	1	5	4	9
3	7	1	6	4	2	9	5	8
6	8	2	9	5	3	7	1	4
9	4	5	7	1	8	2	3	6

225

2	4	8	3	1	9	7	6	5
9	1	6	2	7	5	8	3	4
3	7	5	8	6	4	1	2	9
7	3	1	9	8	2	5	4	6
6	9	2	4	5	7	3	8	1
5	8	4	6	3	1	9	7	2
4	5	7	1	2	3	6	9	8
1	6	9	7	4	8	2	5	3
8	2	3	5	9	6	4	1	7

226

8	6	4	1	5	3	2	9	7
5	7	1	6	9	2	4	8	3
2	9	3	4	7	8	5	6	1
7	8	9	2	3	5	1	4	6
4	1	5	9	6	7	3	2	8
3	2	6	8	1	4	9	7	5
6	3	2	7	4	1	8	5	9
9	5	8	3	2	6	7	1	4
1	4	7	5	8	9	6	3	2

227

1	2	9	3	7	4	6	5	8
5	3	8	6	1	2	7	4	9
4	6	7	5	8	9	2	3	1
7	9	1	2	4	3	5	8	6
8	4	6	1	5	7	9	2	3
2	5	3	8	9	6	4	1	7
6	1	2	9	3	5	8	7	4
3	7	5	4	6	8	1	9	2
9	8	4	7	2	1	3	6	5

228

2	6	8	7	3	5	9	4	1
4	9	5	8	1	6	7	3	2
1	7	3	9	4	2	8	6	5
6	4	1	2	9	7	5	8	3
7	3	9	4	5	8	2	1	6
5	8	2	1	6	3	4	9	7
8	1	7	3	2	4	6	5	9
3	5	4	6	7	9	1	2	8
9	2	6	5	8	1	3	7	4

229

9	2	8	3	4	6	1	7	5
3	5	6	9	1	7	2	8	4
7	4	1	2	8	5	9	3	6
4	9	7	6	5	8	3	2	1
8	3	2	4	9	1	5	6	7
1	6	5	7	2	3	8	4	9
2	1	4	8	6	9	7	5	3
5	8	3	1	7	4	6	9	2
6	7	9	5	3	2	4	1	8

230

5	1	4	9	3	2	6	7	8
9	2	3	7	8	6	1	5	4
8	7	6	5	4	1	9	3	2
7	5	9	2	6	3	8	4	1
6	3	8	4	1	7	2	9	5
1	4	2	8	5	9	7	6	3
4	9	1	6	2	5	3	8	7
3	6	5	1	7	8	4	2	9
2	8	7	3	9	4	5	1	6

231

3	7	8	5	4	1	6	9	2
4	5	9	3	2	6	8	7	1
1	2	6	8	9	7	4	3	5
2	1	3	7	6	5	9	8	4
5	8	4	9	1	3	2	6	7
6	9	7	4	8	2	1	5	3
9	4	5	2	7	8	3	1	6
8	3	1	6	5	4	7	2	9
7	6	2	1	3	9	5	4	8

232

2	1	9	6	3	7	8	5	4
3	8	6	4	2	5	1	9	7
7	5	4	9	8	1	3	6	2
6	9	3	7	4	8	2	1	5
8	7	5	1	9	2	4	3	6
4	2	1	5	6	3	9	7	8
9	4	7	2	1	6	5	8	3
5	3	2	8	7	9	6	4	1
1	6	8	3	5	4	7	2	9

233

5	7	8	1	2	3	4	6	9
2	4	9	5	6	7	3	1	8
6	1	3	4	8	9	5	2	7
3	6	4	2	5	8	7	9	1
9	2	7	6	3	1	8	5	4
8	5	1	7	9	4	2	3	6
7	3	2	9	4	6	1	8	5
1	8	6	3	7	5	9	4	2
4	9	5	8	1	2	6	7	3

234

8	4	9	2	5	3	7	6	1
3	5	1	4	7	6	2	9	8
2	7	6	1	8	9	3	4	5
4	1	5	3	2	7	9	8	6
9	8	7	6	4	5	1	2	3
6	3	2	9	1	8	4	5	7
5	9	3	7	6	2	8	1	4
1	2	8	5	3	4	6	7	9
7	6	4	8	9	1	5	3	2

235

7	1	8	3	2	5	6	4	9
3	4	6	8	7	9	1	2	5
9	2	5	6	4	1	3	8	7
2	8	4	7	5	6	9	1	3
6	7	3	9	1	8	4	5	2
1	5	9	2	3	4	7	6	8
4	6	7	5	9	2	8	3	1
8	9	2	1	6	3	5	7	4
5	3	1	4	8	7	2	9	6

236

5	1	6	9	4	3	8	7	2
7	8	3	6	2	5	1	9	4
9	2	4	7	8	1	3	6	5
1	5	8	3	6	9	2	4	7
3	4	2	5	7	8	6	1	9
6	7	9	4	1	2	5	8	3
2	6	7	1	3	4	9	5	8
4	3	5	8	9	6	7	2	1
8	9	1	2	5	7	4	3	6

237

2	1	9	5	8	3	7	4	6
5	8	4	9	7	6	1	2	3
6	7	3	2	4	1	8	9	5
4	6	8	3	9	7	2	5	1
7	5	1	4	2	8	6	3	9
9	3	2	1	6	5	4	8	7
1	2	6	8	3	9	5	7	4
8	9	5	7	1	4	3	6	2
3	4	7	6	5	2	9	1	8

238

2	7	8	9	6	5	1	4	3
3	4	5	2	1	8	9	7	6
6	9	1	3	4	7	2	8	5
8	6	2	1	7	9	3	5	4
5	3	9	8	2	4	7	6	1
7	1	4	5	3	6	8	2	9
1	2	6	7	5	3	4	9	8
9	5	3	4	8	2	6	1	7
4	8	7	6	9	1	5	3	2

239

8	9	4	5	1	6	7	3	2
3	7	2	9	4	8	6	1	5
5	1	6	7	3	2	9	8	4
6	3	7	8	9	4	2	5	1
9	4	8	2	5	1	3	6	7
2	5	1	6	7	3	4	9	8
7	2	5	1	6	9	8	4	3
1	6	3	4	8	7	5	2	9
4	8	9	3	2	5	1	7	6

240

1	3	7	8	4	6	9	2	5
5	4	6	7	9	2	3	8	1
8	9	2	1	5	3	6	7	4
3	8	1	6	7	9	4	5	2
4	7	5	3	2	8	1	9	6
2	6	9	4	1	5	8	3	7
9	1	8	5	6	7	2	4	3
6	5	3	2	8	4	7	1	9
7	2	4	9	3	1	5	6	8

6	3	9	5	8	1	4	7	2
1	7	2	3	4	6	9	5	8
4	8	5	2	7	9	6	3	1
8	1	6	7	3	5	2	4	9
9	4	3	6	1	2	5	8	7
5	2	7	8	9	4	3	1	6
7	5	4	9	6	8	1	2	3
3	9	1	4	2	7	8	6	5
2	6	8	1	5	3	7	9	4

5	8	9	2	7	4	1	3	6
4	1	2	5	6	3	7	9	8
3	7	6	1	9	8	5	4	2
8	4	3	9	1	7	6	2	5
6	9	5	3	8	2	4	7	1
1	2	7	6	4	5	3	8	9
7	5	4	8	2	1	9	6	3
9	3	8	4	5	6	2	1	7
2	6	1	7	3	9	8	5	4

WHAT IS MENSA?

Mensa®
The High IQ Society

Mensa is the international society for people with a high IQ. We have more than 100,000 members in over 40 countries worldwide.

The society's aims are:
- to identify and foster human intelligence for the benefit of humanity;
- to encourage research in the nature, characteristics, and uses of intelligence;
- to provide a stimulating intellectual and social environment for its members.

Anyone with an IQ score in the top two percent of the population is eligible to become a member of Mensa—are you the "one in 50" we've been looking for?

Mensa membership offers an excellent range of benefits:
- Networking and social activities nationally and around the world;
- Special Interest Groups (hundreds of chances to pursue your hobbies and interests—from art to zoology!);
- Monthly International Journal, national magazines, and regional newsletters;
- Local meetings—from game challenges to food and drink;
- National and international weekend gatherings and conferences;
- Intellectually stimulating lectures and seminars;
- Access to the worldwide SIGHT network for travelers and hosts.

For more information about Mensa International:
www.mensa.org
Telephone: +44 20 7226 6891
e-mail: enquiries@mensa.org
Mensa International Ltd.
P.O. Box 215
Lowestoft, NR32 9BD
United Kingdom

For more information about American Mensa:
www.us.mensa.org
Telephone: 1-800-66-MENSA
American Mensa Ltd.
1229 Corporate Drive West
Arlington, TX 76006-6103 USA

For more information about British Mensa (UK and Ireland):
www.mensa.org.uk
Telephone: +44 (0) 1902 772771
e-mail: enquiries@mensa.org.uk
British Mensa Ltd.
St. John's House
St. John's Square
Wolverhampton WV2 4AH
United Kingdom

For more information about Australian Mensa:
www.mensa.org.au
Telephone: +61 1902 260 594
e-mail: info@mensa.org.au
Australian Mensa Inc.
PO Box 212
Darlington WA 6070 Australia